BRIDGERTON

DER OFFIZIELLE GUIDE

BRIDGERTON

DER OFFIZIELLE GUIDE

STILVOLL GASTGEBEN
WIE IN DER BRITISCHEN HIGH SOCIETY
MIT REZEPTEN ZUM KOCHEN,
BACKEN UND GENIESSEN

Emily Timberlake

Fotografien von Lizzie Munro
Rezepte von Susan Vu

shondaland | NETFLIX

PRESTEL
MÜNCHEN · LONDON · NEW YORK

Inhalt

KAPITEL 4

Dinner auf dem Featherington-Ball 93

KAPITEL 5

Lady Danburys düstere Lasterhöhle 127

Einleitung

„Ms Patridge benötigt eine große Menge Zucker für ihren Morgentee, und Lord Abernathy wird sich weigern, Fleisch zu essen, welches nicht ganz durch ist. Wohingegen Lady Abernathy ihr Fleisch nur blutig mag, wie man hört.“

—Lady Violet Bridgerton zu ihrer Hausdame

Für die Mitglieder der feinen Londoner Gesellschaft ist das Leben ein einziger Reigen an vormittäglichen Besuchen, Picknicks im Freien, Dinners, Bällen und anderen gesellschaftlichen Verpflichtungen. Diversen Einladungen zu folgen, ab und an bei der Schneiderin vorbeizuschauen, um eine neue Robe in Auftrag zu geben oder bei *Gunter's* einen Tee einzunehmen, mag sich nach einem unbeschwerten Leben anhören. Aber fragt man eine ambitionierte Frau Mama, würde sie wohl antworten, dass Gäste zu empfangen (und empfangen zu werden) alles andere als unbeschwert ist. Leben, Vermögen und der Fortbestand der Familie hängen davon ab.

Für die einflussreichsten Familien Großbritanniens ist die Londoner Ballsaison eine willkommene Gelegenheit, vorteilhafte Allianzen zu schmieden. „Der Großteil aller Ehen in diesem Land basiert auf einer geschäftlichen Einigung, mein Kind“, klärt Lady Danbury Kate Sharma auf. Aber im Gegensatz zu Geschäftsleuten haben die Mitglieder der englischen Aristokratie keine Büros oder Ladenlokale. Ihre „Geschäftsräume“ sind der Hyde Park, in dem man sich beim Promenieren begegnet, die Teesalons von Mayfair oder die adeligen Landsitze, auf denen man sich zu Jagdgesellschaften einfindet. Man kann es sich nicht leisten, eine schlechte Gastgeberin sein – zu viel steht auf dem Spiel. Sind die Pasteten zu trocken, ist die Limonade zu süß (oder nicht süß genug) oder die Dessertauswahl zu spärlich, wird darüber geredet. Schlimmer noch, Gäste könnten vorzeitig abreisen und weitere Einladungen dankend ablehnen.

Es ist also kein Zufall, dass Familien mit ausgezeichneten Köchen auch ein besonders reges gesellschaftliches Leben pflegen. Wenn ein Gast sich zwischen zwei gleichermaßen interessanten Einladungen entscheiden muss, bietet eine erstklassig zubereitete Tasse Tee einen Wettbewerbsvorteil, und wenn dann auch noch köstliche Profiteroles (Seite 121) und saftige Scones (Seite 137) in Aussicht stehen, ist eine Einladungszusage so gut wie sicher.

Das vorliegende Buch enthüllt die Geheimnisse der besten Gastgeber und Gastgeberinnen der Londoner High Society und bietet mit über 40Rezepten für delikate Speisen und Getränke alles, was nötig ist, um eine eigene *Bridgerton*-inspirierte Soirée zu veranstalten. Niemand versteht mehr von Brombeer-Zitrus-Cremeschnitten (Seite 143) als Lady Danbury, und die Anna-Kartoffeln aus dem Hause Bridgerton (Seite 27) sind in aller Munde. Erfahren Sie, wie ein duftender Masala Chai à la Kate Sharma (Seite 85) zubereitet wird, und vielleicht finden ja auch Sie Ihren Vicomte.

Neben der Zubereitung von Hors d'Œuvres und Getränken erfahren Sie hier auch Interessantes über die gesellschaftlichen Regeln der englischen High Society, die recht kompliziert anmuten – nicht zuletzt deshalb, um Außenstehende zu identifizieren, weil sie nicht wissen, wie man korrekt knickst, oder den Unterschied zwischen einer Countess und einer Vicomtesse nicht kennen. Aber mit diesem Buch als Leitfaden werden Sie in der Lage sein, selbst die heikelste gesellschaftliche Situation mit Bravour zu meistern.

Wenn dieses Buch Sie dazu inspiriert, Ihre Lieblingsmenschen um sich zu versammeln, dann hat es sein Ziel erreicht. Der Anlass spielt dabei keine Rolle – Hauptsache, Sie verbringen schöne, gesellige Stunden zusammen. Die köstlichen Speisen und Getränke in diesem Buch bieten beste Voraussetzungen dafür. Mögen alle Ihre zukünftigen Einladungen gut besucht und damit einträglich sein!

1

Frühstück bei den Bridgertons

„Der Koch muss heute morgen sehr viele Biskuits zubereiten ... Wer wohl der erste Gentleman sein wird, der hier erscheint?“

—Daphne Bridgerton

Lady Violet Bridgerton ist eine Optimistin, weshalb in ihrem Salon während der Londoner Ballsaison Plätzchen, Scones, Kuchen, Brioches, Obst und herzhafte Speisen bereitstehen – vor allem am Morgen nach einem Ball. Für Violet wäre es absolut undenkbar, die Schar der Anwärter nicht mit ein paar Häppchen zu bewirten, und falls die Verehrer ihrer Töchter wenig Appetit zeigen, kann man sich darauf verlassen, dass die Bridgerton-Kinder mit den übrig bleibenden Speisen kurzen Prozess machen. Sowohl bei Herzensangelegenheiten als auch beim morgendlichen Mahl ist Lady Bridgerton der Meinung, dass es am besten ist, eine gewisse Exklusivität zu zeigen.

Ob die Frühstücksauswahl der Bridgertons auch Ihnen hilft, zarte Bande zu knüpfen, lässt sich natürlich nicht sagen. In jedem Fall aber stärkt ein schmackhaftes Frühstück Sie für den bevorstehenden Tag, und wenn Sie es zusammen mit lieben Menschen oder sogar einem bzw. einer Angebeteten einnehmen können, umso besser!

EINLADUNG ZUM

Brunch

Auch wenn ein Frühstück in der Regency-Ära oft nur aus gebuttertem Toast mit einer feinen Konfitüre bestand, verdienen manche Tage einen etwas luxuriöseren Auftakt. Ob Sie nun einen Verehrer erwarten oder nicht, ist ein Sonntagsbrunch eine wunderbare Möglichkeit, Zeit mit anderen zu verbringen und vielleicht dabei auch die Ereignisse einer rauschenden (Ball-)Nacht zu besprechen.

DEKORATION

Servieren Sie anstelle eines traditionellen Essens, das am Tisch serviert wird, einen Brunch in Büffetform, damit Sie sich auf Ihre Gäste konzentrieren können. Bei entsprechendem Wetter rücken Sie den Tisch an ein Fenster, um die warme Vormittagssonne zu genießen. Stellen Sie Tischsets, Servietten, Besteck und Gläser bereit und stapeln Sie die Teller neben einer ansprechenden Speisenauswahl. Ergänzen Sie Ihre Auswahl mit einer dekorativ arrangierten Schale mit Zitrusfrüchten oder Beeren und einem farbenfrohen Blumenstrauß für eine heitere Stimmung.

SPEISEN + GETRÄNKE

Die Speisenauswahl sollte aus drei bis vier Gerichten bestehen, von denen Sie einen Teil schon am Vortag zu- oder zumindest vorbereiten und andere am besten direkt aus dem Ofen servieren können. Stellen Sie sicher, dass die süßen und herzhaften Optionen aufeinander abgestimmt sind, und stellen Sie auch eine große Schale mit saisonalem frischem Obst dazu. Für größere Gesellschaften empfiehlt es sich, eine eigene Kaffee- und Teestation einzurichten. Zusätzlich zu Milch, Sahne, Zucker und Zitronenspalten können Sie weitere Zutaten zum Verfeinern der Getränke anbieten, wie Vanille-Honig-Sirup (Seite 33) oder braunen Sirup (Seite 151). Karaffen mit frischen Fruchtsäften sind eine perfekte Ergänzung für jeden Frühstückstisch. Überlegen Sie auch, ob Sie Ihren Gästen ein prickelndes Gläschen Sekt oder Champagner anbieten wollen (z. B. Champagnercocktail, Seite 29).

Bereits Jahrhunderte vor der Regency-Ära und bis in die Gegenwart gibt es für Gastgeber oder Gastgeberinnen ein konstantes Ärgernis: unpünktliche Gäste. Es gibt nichts Schlimmeres, als zuzusehen, wie sorgfältig zubereitete Speisen erkalten oder zu warm werden, wenn Gäste länger als das akademische Viertel auf sich warten lassen. Bei einem Frühstück oder Brunch dürfte das weniger der Fall sein und die Gäste eher pünktlich oder sogar früher als geplant erscheinen, weil sie unterzuckert und/oder -koffeiniert sind. Seien Sie also nicht erst zur vereinbarten Zeit startklar bzw. rechnen sogar damit, dass es schon früher an Ihrer Tür klingelt. Wenn der frühe Vogel ein Gast ist, den Sie gut kennen, spannen Sie ihn mit einfache Aufgaben wie Zitronen schneiden oder Schnittlauch hacken in die letzten Vorbereitungen ein, um ihm das Gefühl zu geben, nicht dumm herumzustehen, sondern helfen zu können. Alternativ begrüßen Sie zu frühe Gäste herzlich, bieten ihnen etwas zu trinken an und dirigieren sie dann auf die Couch oder in den Garten, damit Sie Ihre Vorbereitungen in Ruhe abschließen können.

CRUMPETS

mit gesalzener Honigbutter

Für 10–14 Stück

GESALZENE HONIGBUTTER

160 g zimmerwarme Butter
3–4 EL Honig, plus etwas zum Beträufeln
1 TL Meersalz, plus etwas zum Abschmecken

CRUMPETS

1 EL Butter
120 ml Milch
2 TL Honig
7 g Trockenhefe
175 g Weizenmehl (Type 405)
100 g Weizenmehl (Type 550)
2 TL Backpulver
1 ¼ TL Meersalz
Pflanzenöl zum Einfetten
Konfitüre und/oder Marmelade zum Servieren

Außerdem: 4 Crumpet-Förmchen, Spiegeleiformen oder andere flache Backringe (ca. 9 cm Durchmesser, siehe Hinweis)

Ein Crumpet ist ein kleines Pfannenbrot, ähnlich dem, was man in den USA als „englischen Muffin" bezeichnet. Violet Bridgerton kennt keine besseren Crumpets als die ihres Kochs, die herrlich weich und fluffig sind und gerade die richtige Menge Blasen haben, dass Butter und Marmelade schön hineinlaufen können.

Hinweis: Als Ersatz für die Backringe können Sie die Schraubringe von großen Einmachgläsern oder sehr gründlich gereinigte Thunfischdosen aus Weißblech ohne Boden verwenden.

☛ **FÜR DIE HONIGBUTTER:** Die Butter mit zunächst 3 EL Honig und dem Salz glatt und cremig rühren. Nach Belieben mit weiterem Honig und Salz abschmecken. Bei Zimmertemperatur beiseitestellen.

☛ **FÜR DIE CRUMPETS:** Die Butter in einem kleinen Topf bei mittlerer Hitze zerlassen und etwa 2 Minuten erhitzen, bis sie zu schäumen beginnt. Den Topf vom Herd nehmen. Die Milch und 360 ml Wasser unterrühren. Durch die Restwärme im Topf sollte die Flüssigkeit lauwarm werden. Falls sie zu heiß ist, etwas abkühlen lassen.

☛ Den Honig mit 60 ml Wasser in einer Schale verrühren. Die Hefe hineinstreuen, kurz umrühren und etwa 2 Minuten quellen lassen.

☛ Die beiden Mehlsorten in einer großen Schüssel mischen. Hefeansatz und lauwarme Milchmischung hinzufügen und 3Minuten kräftig rühren, bis ein glatter Teig entstanden ist.

☛ Den Teig abgedeckt etwa 45 Minuten ruhen lassen, bis er leicht aufgegangen und eine Bläschenentwicklung an der Oberfläche zu beobachten ist. Den Teig kurz umrühren: Er sollte die Konsistenz von Crêpeteig haben und leicht vom Löffel fließen. Backpulver und Salz unterrühren. Den Teig abgedeckt weitere 20 Minuten ruhen lassen.

Fortsetzung nächste Seite

☛ Eine große Gusseisenpfanne bei mittlerer bis starker Hitze heiß werden lassen. Ein zerknülltes Küchenpapier mit Öl tränken und die Pfanne mithilfe einer Küchenzange damit einfetten, sodass der Pfannenboden mit einer dünnen Ölschicht überzogen ist. Den Rand der Backringe einfetten und in die Pfanne setzen. Den Teig noch einmal kräftig aufschlagen, damit er schön luftig ist. Je nach gewünschter Dicke der Crumpets je 50–75 ml Teig in die Backringe füllen.

☛ Die Crumpets 3 Minuten backen, dann die Hitze auf mittlere Temperatur reduzieren und die Crumpets weitere 7–10 Minuten backen, bis sie am Rand und an der Oberseite fest sind und die Unterseite goldbraun ist. Wenn die Unterseite zu schnell bräunt, bevor die Oberseite fest ist, die Hitze weiter reduzieren. Die Pfanne beim Backen mehrmals drehen, um eine gleichmäßigere Bräunung zu gewährleisten. Die Backringe mit einer Küchenzange entfernen und die Crumpets wenden. Die Temperatur wieder auf mittlere bis starke Hitze erhöhen und die Crumpets weitere 3–6 Minuten backen, bis sie durchgegart und auch auf der anderen Seite schön gebräunt sind. Die Crumpets mit der löchrigen Seite nach oben auf ein Kuchengitter setzen.

☛ Den Vorgang mit dem restlichen Teig wiederholen, dabei vorher jeweils 1–2 TL Wasser unter den Teig rühren, damit er dünnflüssig bleibt und beim Backen schöne Bläschen entwickelt. Pfanne und Förmchen vor jeder Portion einfetten.

☛ Wenn der Teig aufgebraucht ist, die Crumpets 10 Minuten abkühlen lassen und lauwarm servieren. Alternativ erkalten lassen und im auf 180 °C vorgeheizten Backofen (Ober-/Unterhitze) 7–10 Minuten aufbacken. Warm mit der gesalzenen Honigbutter und Ihrer Lieblingsobstkonfitüre und/oder Marmelade oder mit Honig servieren.

ZITRONEN-MOHN-TEEGEBÄCK

„Die schnellste uns bekannte Brautwerbung fand während der außerordentlichen regnerischen Ballsaison 1804 statt. Bei einem Teller Zuckermandeln und Lakritz schloss damals Miss Mary Leopold ein Verlöbnis in nur viereinhalb Minuten."
—Lady Whistledown

Für 32 Stück

80 ml Milch, plus 1 EL
2 EL frisch gepresster Zitronensaft
140 g Weizenmehl (Type 405), plus etwas zum Bestäuben
140 g Weizenvollkornmehl
1 ¼ TL Backpulver
1 EL Mohnsamen
½ TL Meersalz
110 g zimmerwarme Butter
120 g Puderzucker
1 EL fein abgeriebene Bio-Zitronenschale

Außerdem: Herz-Ausstechform (7–8 cm Durchmesser)

Wenn der Heiratsmarkt eine offizielle Zentrale hätte, wäre es mit Sicherheit *Gunter's Tea Shop*. Der Teesalon ist der Schauplatz vieler der berühmtesten (und schnellsten) Verlöbnisse der Londoner Gesellschaft. Offensichtlich sind die Unmengen Zuckerwerk genau die richtige Umgebung, um heiratswillige Gentlemen und Damen in Hochzeitsstimmung zu bringen. Wenn Sie keinen Berkeley Square um die Ecke haben, können Sie diese köstlichen Plätzchen zu Hause nachbacken. Sie schmecken einfach fantastisch zu einer Tasse Earl Grey und sind eine würdige Alternative zu allem Feingebäck bei *Gunter's*.

☞ Milch und Zitronensaft in einer Schale verrühren und 10 Minuten stehen lassen, bis die Milch gerinnt und die Mischung eine Buttermilch ähnliche Konsistenz hat. Beide Mehlsorten, Backpulver, Mohnsamen und Salz in einer Schüssel mischen.

☞ Butter, Puderzucker und Zitronenschale in einer zweiten, großen Schüssel mit einem Handrührgerät auf niedriger Stufe glatt und cremig rühren. Die Mehlmischung auf niedriger Stufe einarbeiten, bis ein krümeliger Teig entsteht. Die Milchmischung dazugießen und auf niedriger Stufe kurz einarbeiten. Den Teig nicht zu lange rühren! Dann den Teig von Hand kurz kneten, bis er glatt ist, und in zwei Portionen teilen. In Frischhaltefolie einwickeln und zu etwa 3 cm dicken Scheiben flach drücken. 30 Minuten im Kühlschrank ruhen lassen. Der Teig wird dadurch etwas fester und lässt sich später besser ausrollen.

Fortsetzung nächste Seite

☛ In der Zwischenzeit den Backofen auf 180 °C (Ober-/Unterhitze) vorheizen. Zwei Backbleche mit Backpapier belegen.

☛ Eine Arbeitsfläche großzügig mit Mehl bestäuben. Die erste Teigscheibe etwa 3 mm dick ausrollen und mit einer bemehlten Ausstechform insgesamt 16 Herzen daraus ausstechen. Die Teigreste kurz zusammenkneten und wieder ausrollen. Falls der Teig zu klebrig ist, Arbeitsfläche, Teig und Ausstechform mit weiterem Mehl bestäuben. Überschüssiges Mehl mit einem trockenen Backpinsel von den Plätzchen entfernen.

☛ Da die Plätzchen kaum aufgehen, können sie relativ eng auf dem Backblech angeordnet werden. Berühren sollten sie sich aber dennoch nicht. Die Plätzchen mehrmals mit einer Gabel einstechen und im vorgeheizten Ofen 20–25 Minuten backen, bis Teigränder und Unterseite ganz leicht gebräunt sind und die Oberseite fest ist. Dabei das Backblech nach 10Minuten drehen.

☛ In der Zwischenzeit die zweite Teigscheibe wie oben beschrieben ausrollen und ausstechen. Die Plätzchen auf dem zweiten Backblech verteilen.

☛ Die Plätzchen nach dem Backen auf dem Backblech erkalten lassen, damit sie schön mürbe werden. Die Plätzchen zu Ihrem Lieblingstee servieren. Sie halten sich in einem luftdicht verschließbarem Behälter bei Zimmertemperatur bis zu 7 Tage.

OFENOMELETT

mit Lauch, Schinken und Käse

Für 8-12 Portionen

1 ½ EL Butter, plus etwas zum Einfetten
1 große Stange Lauch
Meersalz und frisch gemahlener schwarzer Pfeffer
225 g Kochschinken, trocken getupft und klein gewürfelt
120 g reifer Cheddar, gerieben
8 Eier (Größe L)
160 g Sahne
3 EL fein gehackte Petersilie
Cayennepfeffer

Außerdem: runde Backform (24 cm Durchmesser)

Dieses Omelett ist eine Hommage an einige der besten kulinarischen Erzeugnisse Englands: aromatischer Lauch, der dort ab Herbst bis in den späten Winter geerntet wird, saftiger Schinken aus Wiltshire und würziger Cheddar, die zusammen mit frischen Eiern vom Bauernhof verrührt und in einer Kuchenform gebacken werden. Das Ergebnis ist eine köstliche Mischung aus Quiche und Frittata!

***Hinweise:** Anstelle des Schinkens können Sie auch übrig gebliebenes Fleisch vom Sonntagsbraten, Brathähnchen oder gewürfelte Fleischwurst verwenden. Für eine vegetarische Version ersetzen Sie das Fleisch durch gebratene Pilze oder zusätzliches Gemüse.*

Für kleine Omeletts füllen Sie die Eiermasse in eine 12er-Muffinform und backen sie etwa 25 Minuten.

☛ Ein Backblech auf mittlerer Schiene in den Backofen schieben und den Ofen auf 180 °C (Ober-/Unterhitze) vorheizen. Eine runde Backform (24 cm Durchmesser) mit Butter einfetten.

☛ Wurzelansatz und dunkelgrüne Blätter vom Lauch abtrennen. Den Lauch längs vierteln, dann quer in feine Streifen schneiden und 170 g abwiegen. Die Lauchstreifen in einer großen Schüssel mit kaltem Wasser gründlich waschen und in einem Sieb gut abtropfen lassen. Den Vorgang bei Bedarf wiederholen, bis keine Verschmutzungen mehr vorhanden sind.

☛ Die Hälfte der Butter in einer mittelgroßen Pfanne bei mittlerer Hitze zerlassen. Die Lauchstreifen darin mit etwas Salz und Pfeffer unter gelegentlichem Wenden etwa 15 Minuten dünsten, bis sie weich sind. In eine Schüssel geben.

Fortsetzung nächste Seite

☞ Die Hitze etwas erhöhen und die restliche Butter in der Pfanne zerlassen. Den Schinken darin unter gelegentlichem Wenden etwa 5 Minuten braten, bis die Würfel leicht gebräunt sind. Kochschinken kann viel Wasser abgeben und bräunt deshalb nicht so schnell. In diesem Fall das Wasser abgießen und die Schinkenwürfel weiterbraten, bis sie leicht gebräunt sind. Zum Lauch geben.

☞ Den Boden der Backform mit der Hälfte des Cheddars bedecken und die Lauch-Schinken-Mischung darauf verteilen. Die Eier mit Sahne, Petersilie, etwas Cayennepfeffer und ¾ TL Salz in einer Schüssel verquirlen und über Schinken und Lauch gießen. Den restlichen Käse darauf verteilen. Im vorgeheizten Ofen 40–50 Minuten backen, bis die Masse fest und stellenweise leicht gebräunt ist (zur Probe einen Holzspieß in die Mitte stechen; es sollte keine Masse daran kleben bleiben). Das Backblech nach 20 Minuten drehen. Die Backform aus dem Ofen nehmen und auf ein Ofengitter stellen. Das Omelett mit einer kleinen Palette vom Rand der Form lösen und mindestens 30 Minuten und bis zu 2 Stunden abkühlen lassen (je länger das Omelett abkühlt, desto einfacher kann man es in Stücke schneiden). Das Omelett vor dem Servieren mit einem Sägemesser in 8–12 Stücke schneiden.

BÜCKLINGE AUF TOAST

„Räucherfisch auf Roggentoast zum Frühstück wirkte wahre Wunder, als ich meinen Nigel empfing.“ —Lady Berbrooke

Für 16 Stück

- 2 große Schalotten, in feine Ringe geschnitten (ca. 110 g)
- 2 EL Zucker
- 1 ½ TL Meersalz, plus etwas zum Abschmecken
- 1 TL gelbe Senfkörner
- 120 ml Rotweinessig
- 80 g Mayonnaise
- 2 TL mittelscharfer Senf
- 30 g Stangensellerie, fein gehackt
- 1 EL Kapern, abgetropft und grob gehackt
- 2 EL fein gehackter Dill, plus einige Dillspitzen zum Garnieren
- 2 EL Frühlingszwiebeln, in feine Ringe geschnitten
- frisch gemahlener schwarzer Pfeffer
- 3 Dosen Bücklingfilets ohne Knochen und Haut (à 90–100 g), abgetropft und zerteilt
- 8 dünne Scheiben Buttertoast, entrindet, diagonal halbiert
- 3 EL Butter, zerlassen

Räucherfisch ist bei ambitionierten Müttern, die schnellstmöglich Großmütter werden wollen, sehr beliebt. Ob Sie ebenfalls an die fruchtbarkeitsfördernde Wirkung von Räucherfisch glauben oder nicht, bleibt natürlich Ihnen überlassen. Violet Bridgerton lässt diesen Fischsalat servieren, weil er einfach köstlich ist – insbesondere auf frisch getoasteten Weißbrot.

Hinweis: Bücklinge sind gesalzene, geräucherte Heringe und in jedem gut sortierten Supermarkt bei den Fischkonserven zu finden. Alternativ können Sie geräucherte Forellenfilets oder Räucherlachs verwenden.

☞ Die Schalottenringe in eine hitzebeständige Glasschüssel geben. Zucker, Salz, Senfkörner, Rotweinessig und 80 ml Wasser in einem kleinen Topf verrühren. Bei mittlerer Hitze unter gelegentlichem Rühren etwa 5 Minuten köcheln lassen, bis sich Zucker und Salz vollständig aufgelöst haben.

☞ Die heiße Essigmischung über die Schalotten gießen und umrühren. Bei Zimmertemperatur etwa 1 Stunde erkalten und ziehen lassen.

☞ Für den Fischsalat Mayonnaise, Senf, 1 EL Schalottenlake, Sellerie, Kapern, Dill und Frühlingszwiebeln in einer Schüssel verrühren. Mit etwas Pfeffer würzen. Die Fischstücke unterziehen. Mit Salz und Pfeffer abschmecken. Abgedeckt im Kühlschrank ziehen lassen.

☞ Den Backofen auf 160 °C (Ober-/Unterhitze) vorheizen.

☞ Eine große gusseiserne Pfanne bei mittlerer Hitze heiß werden lassen. Beide Seiten der Toastscheiben mit der flüssigen Butter bestreichen und portionsweise etwa 2 Minuten von jeder Seite in der Pfanne rösten, bis sie leicht gebräunt sind. Auf ein Backblech legen und 10 Minuten im Ofen backen, bis das Brot knusprig ist. Dann 5 Minuten abkühlen lassen.

☞ Zum Servieren den Fischsalat auf den gerösteten Toastscheiben anrichten. Mit abgetropften Schalottenringen und Dillspitzen garnieren.

ANNA-KARTOFFELN

Für 12 Portionen

80 g Butter, plus etwas zum Einfetten
1 TL fein gehackte Rosmarinnadeln
2 Knoblauchzehen, zerdrückt
700 g kleine, vorwiegend festkochende Kartoffeln (12–16 Stück, nicht größer als 4 cm Durchmesser)
Meersalz und frisch gemahlener schwarzer Pfeffer
50 g Gruyère-Käse, fein gerieben
1 EL Schnittlauchröllchen

Außerdem: 12er-Muffinform

Anna-Kartoffeln – oder etwas vornehmer *Pommes Anna* – sind eine klassische französische Zubereitung, bei der feine Kartoffelscheiben rosettenförmig geschichtet und im Ofen gebacken werden, was zugegebenermaßen recht zeitaufwendig ist. Diese Miniaturversion ist etwas schneller zubereitet, aber nicht minder köstlich. Für das gewisse Extra können Sie vor dem Servieren etwas Crème fraîche und etwas Kaviar auf jede Portion geben. Der Franzose, der dieses Gericht erfunden hat, würde sich sicherlich vor Ihnen verneigen.

☛ Den Backofen auf 180 °C (Ober-/Unterhitze) vorheizen. Eine 12er-Muffinform großzügig mit Butter einfetten.

☛ Die Butter mit Rosmarin und Knoblauch in einem kleinen Topf bei mittlerer Hitze etwa 3 Minuten unter gelegentlichem Rühren erhitzen, bis sie geschmolzen ist und zu schäumen beginnt. Vom Herd nehmen.

☛ Die Kartoffeln waschen, trocken tupfen und mit einer Mandoline oder einem Gemüsehobel quer in sehr feine, etwa 2 mm dicke Scheiben schneiden und in eine große Schüssel geben. Mit Salz und Pfeffer würzen. Mit der Buttermischung übergießen und vorsichtig vermengen.

☛ Einige Kartoffelscheiben leicht überlappend kreisförmig in den Vertiefungen der Muffinform anordnen. Diese Schicht wird später die Oberseite, deshalb sollten Sie darauf achten, dass die Kartoffelscheiben besonders dekorativ ausgelegt werden. Ein Viertel des geriebenen Gruyères darauf verteilen. Mit einer weiteren Schicht Kartoffelscheiben und einem weiteren Viertel Käse bedecken. Den Vorgang noch zweimal wiederholen. Mit einer Schicht Kartoffelscheiben abschließen.

Fortsetzung nächste Seite

☛ Die Kartoffelschichten mit dem Boden eines Glases andrücken und verdichten, damit die Oberseite glatt ist. Die Muffinform dicht mit Alufolie abdecken und auf ein Backblech setzen.

☛ Die Anna-Kartoffeln im vorgeheizten Ofen 20 Minuten backen. Die Alufolie entfernen (aber nicht entsorgen) und weitere 25 Minuten backen, bis die Kartoffeln weich und an den Rändern gebräunt sind. Die Form auf ein Ofengitter setzen und die Anna-Kartoffeln 15 Minuten abkühlen lassen, dann mit einer Palette vom Rand der Vertiefungen lösen.

☛ Die Backofentemperatur auf 230 °C (Ober-/Unterhitze) erhöhen.

☛ Die aufbewahrte Alufolie auf das abgekühlte Backblech legen. Die Anna-Kartoffeln noch einmal mit einer Palette von der Form lösen. Das Backblech umgekehrt auf die Muffinform legen und die Anna-Kartoffeln darauf stürzen. Dabei mehrmals auf jede Vertiefung klopfen.

☛ Die Anna-Kartoffeln weitere 10 Minuten im Ofen backen, bis sie auf der Unterseite leicht gebräunt sind. Dann die Kartoffeln mit zwei Gabeln vorsichtig wenden und weitere 10 Minuten backen, dabei immer wieder die Bräunung der Unterseite prüfen (die beim Servieren die Oberseite ist).

☛ Aus dem Ofen nehmen und auf dem heißen Backblech 5Minuten abkühlen lassen. Die Anna-Kartoffeln wenden und auf einer Servierplatte anrichten. Mit Schnittlauchröllchen garnieren und sofort servieren.

CHAMPAGNERCOCKTAIL

„Ich denke nicht, dass die Feier schuld ist. Allerdings trifft es zu, dass ich überaus schlecht geschlafen habe."
—Violet Bridgerton

Für 1 Portion

50–60 ml frisches Fruchtpüree oder -saft nach Wahl (siehe Hinweise)
kalter Champagner oder Sekt (siehe Hinweise) zum Aufgießen
frisches Obst nach Wahl, in Stücke geschnitten zum Garnieren

Am Morgen nach einem rauschenden Ball werden Sie vielleicht feststellen, dass Sie etwas Gift von der Schlange brauchen, die Sie gebissen hat. In solchen Situationen ist kein Anblick auf dem Frühstückstisch so willkommen wie ein Gläschen kreislaufördernder Champagnercocktail. Nutzen Sie das folgende Rezept als Inspirationsquelle und experimentieren Sie mit Ihren bevorzugten Fruchtsäften oder -pürees. Bieten Sie verschiedene Fruchtsäfte oder -pürees in kleinen beschrifteten Karaffen an, und stellen Sie in kleine Stücke geschnittenes Obst zum Garnieren bereit, sodass sich Ihre Gäste ihre eigenen Cocktails in der bevorzugten Stärke und Menge mischen können.

***Hinweise:** Die klassische Wahl zum Mischen mit Champagner oder Sekt ist frisch gepresster Orangensaft. Mindestens genauso gut eignen sich aber auch Grapefruitsaft, Granatapfelsaft, Ananassaft oder frischer Cidre. Mit weißem Pfirsichpüree ist schnell ein klassischer Bellini gemischt. Probieren Sie auch einmal eine Variante mit frischem (oder tiefgekühltem und aufgetautem) Püree aus Passionsfrucht, Mango oder Himbeere.*

Greifen Sie zu hochwertigem Schaumwein, den Sie auch pur gerne trinken. Bei den Bridgertons wird natürlich eine Flasche des besten Champagners aus dem Keller geholt. Wir Nichtblaublütigen sollten uns für dieses Rezept eine Flasche Crémant, Cava oder Prosecco aus dem Supermarkt leisten.

☛ Fruchtpüree oder -saft in eine Sektflöte oder -schale geben. Mit einem Schaumwein nach Wahl auffüllen, mit frischen Früchten garnieren und sofort servieren.

Die Kunst der Visitenkarte

Da die angesehensten Familien der Londoner Gesellschaft alle in Mayfair leben, könnte man annehmen, dass sie, wenn sie jemanden besuchen wollen, einfach an die Tür klopfen, um zu sehen, ob jemand zu Hause ist. Aber wir sprechen hier über die erste Riege der englischen Gesellschaft, und da ist natürlich nichts so einfach, wie es scheint.

Eine der Londoner Regeln schreibt fest, dass eine Dame nur Personen gleichen oder niedrigeren Ranges einen Besuch abstatten darf, nicht aber eine Person von gesellschaftlich höherem Rang. (Auf dem Land sind die Regeln etwas lockerer, weshalb viele Adlige ihre Landsitze der steifen Förmlichkeit der Hauptstadt vorziehen.) Der Herzogin von Hastings stehen demnach quasi alle Türen offen: sie kann besuchen, wen und wann immer sie will. Eine Baronin oder einfache Lady hingegen hat weniger Möglichkeiten. Wenn sie die Bekanntschaft einer Gräfin oder Vizegräfin machen möchte, muss sie warten, bis Letztere sie dazu auffordert.

Nun kann man nicht den ganzen Tag zu Hause sitzen und darauf warten, dass eine reiche, einflussreiche Gönnerin sich die Ehre gibt. Hier kommt die Visitenkarte ins Spiel: eine elegante Tradition, der es Damen ermöglicht, das Haus zu verlassen, ohne befürchten zu müssen, einen lebensverändernden Besuch zu versäumen. Oberflächlich betrachtet ist eine Visitenkarte ein kleines Stück Papier, auf dem der Name, der Titel und vielleicht auch die Adresse vermerkt sind. Will man mit einer fremden Person in Kontakt treten oder jemanden besuchen, der nicht anzutreffen ist, hinterlässt man einfach seine Visitenkarte. Wenn eine Dame ihre Visitenkarte bei einer rangniedrigeren Dame hinterlassen hat, darf sich Letztere erlauben, Ersteren einen Besuch abzustatten.

Darüber hinaus bieten Visitenkarten den Hochwohlgeborenen gewisse kreative Freiheiten. Ist man in der feinen Londoner Gesellschaft nicht der Norm entsprechend gekleidet oder frisiert, kommt man schnell ins Gerede – oder schlimmer noch – Lady Whistledown könnte Sie mit einem ent-

sprechenden Kommentar blamieren. Aber eine individuell gestaltete Visitenkarte würde niemand mit Argwohn betrachten. Eine schön geschwungene Schrift, ein elegantes Design oder ein extravagantes Ornament sind unverdächtige Möglichkeiten, dem persönlichen Geschmack Ausdruck zu verleihen. Im heutigen digitalen Zeitalter mögen Visitenkarten wie ein überflüssiges Relikt aus analogen Zeiten anmuten. Aber eine individuell gestaltete Karte vermittelt eben viel mehr als Name und Kontaktdaten. Wenn Sie das nächste Mal eine Einladung verschicken, legen Sie also eine Visitenkarte bei. Wählen Sie eine Schriftart aus, die zu Ihnen passt, setzen Sie den Text in einen schönen Rahmen, und fügen Sie grafische Elemente hinzu, die Ihren Namen oder Ihren Beruf widerspiegeln.

LONDON FOG LATTE

Für 1 Portion

2 Beutel Earl-Grey-Tee
175 ml fettarme Milch
oder Milch
2–3 EL Vanille-Honig-Sirup
(siehe unten)

Wenn die Wolken tief hängen und der Londoner Himmel sich in ein allzu vertrautes Grau hüllt, fällt es schwer, sich aus dem Bett zu erheben – vor allem dann, wenn man die Nacht zuvor durchgetanzt und das eine oder andere Glas Würzwein (Seite 103) zu viel getrunken hat. Aber dieses duftende Heißgetränk mit seiner dezenten Vanillenote reicht aus, um selbst den schläfrigsten Bridgerton aus dem Bett und in den Frühstücksraum zu locken.

☛ In einem Topf 240 ml Wasser aufkochen und in eine große Tasse füllen. Die Teebeutel hinzufügen und 5 Minuten ziehen lassen.

☛ In der Zwischenzeit die Milch in einem kleinen Topf bei mittlerer Hitze heiß werden lassen.

☛ Die Teebeutel aus der Tasse entfernen und entsorgen.

☛ Den Milchtopf schräg halten und die Milch mit einem Schneebesen oder elektrischen Milchschäumer aufschäumen, bis sich das Volumen verdoppelt hat.

☛ Den Vanille-Honig-Sirup in den heißen Tee rühren. Die Milch dazugießen und den Milchschaum darüberlöffeln. Sofort servieren.

VANILLE-HONIG-SIRUP

Für 300 ml

60 g Zucker
120 g Honig
½ Vanillestange, Mark herausgekratzt

☛ Zucker und Honig mit 160 ml Wasser in einem kleinen Topf verrühren und bei mittlerer Hitze 5–7 Minuten unter Rühren köcheln lassen, bis Zucker und Honig sich vollständig aufgelöst haben. Vom Herd nehmen. Vanillestange und -mark unterrühren und den Sirup auf Zimmertemperatur abkühlen lassen. In ein Schraubglas füllen. Sofort verwenden oder bis zu 1 Monat im Kühlschrank aufbewahren.

2

Gartenparty bei der Königin

„Ich sehne mich nach Unterhaltung.“

—Königin Charlotte

Königin Charlotte muss eingestehen, dass es Dinge gibt, die die Franzosen besser können als die Engländer. Dazu gehören opulente Mahlzeiten, wie das *pique-nique*: ein Essen im Freien, bei dem kleine Leckerbissen (*niques*) wie Pasteten aufgepickt (*piquer*) werden.

In der Theorie ist ein Picknick ganz einfach. In der Praxis erfordert ein Mahl im Freien viel Organisation, Zeit- und Materialaufwand und viele Bedienstete, die sich um alles kümmern. Zunächst muss ein geeigneter Ort gefunden werden: eine Anhöhe mit fantastischem Ausblick, eine Rasenfläche in einem eleganten Garten oder ein idyllisches Plätzchen an einem Gewässer. Dann muss der Transport der Gesellschaft und des Essens zum ausgewählten Ort organisiert werden: Wagen für Lebensmittel, Teller, Besteck und Tischwäsche; Kutschen für die Gäste. Schließlich gilt es die Ressourcen zu berechnen, die für die Zubereitung der Speisen erforderlich sind.

Nichts davon sollte Sie aber abhalten, ein eigenes *petit pique-nique* abzuhalten. Bereiten Sie eines oder mehrere der folgenden Gerichte zu und packen Sie sie in einen Korb. Breiten Sie eine Decke im Park oder in Ihrem Garten aus. Schauen Sie in den blauen Sommerhimmel und lauschen Sie dem Vogelgezwitscher. Das sind Freuden, die man nicht kaufen kann.

EINLADUNG ZUM

Picknick

Sie müssen nicht auf einen besonderen Anlass warten, um ein Picknick zu veranstalten. Schließlich ist jeder warme, sonnige Tag ein Grund zum Feiern. Egal, ob es sich um eine größere Veranstaltung oder einen romantischen Moment zu zweit handelt – mit ein wenig Vorausplanung schaffen Sie Ihr eigenes perfektes Idyll.

DEKORATION

Wenn Sie einen leichten, transportablen (Klapp-)Tisch zur Verfügung haben, decken Sie ihn mit einer bunten Tischdecke. Beschweren Sie ihn mit einem Blumenstrauß aus Sonnenblumen oder Pfingstrosen und Ihren Getränken. Stapeln Sie Teller, Besteck und Servietten auf einer Seite und stellen Sie die Speisen und Schälchen mit Leckereien und Snacks auf die andere. Für ein intimeres Picknick brauchen Sie einen Korb, um das Essen stilvoll zu transportieren, und eine Decke zum Ausbreiten. Wenn Sie nicht weit wandern, können Sie gemütliche Kissen mitnehmen. Kompostierbare Teller und Becher sind eine gute Wahl, aber Sie sollten auch richtige Teller und Gläser oder Becher mitnehmen, vor allem, wenn Sie einen Picknickkorb mit Fächern haben, um alles sicher zu verstauen. Stapelbares Melamingeschirr ist eine leichte, robuste Alternative.

SPEISEN + GETRÄNKE

Fingerfood wie herzhafte oder süße Teigtaschen und Pasteten (Seite 43) oder würzige Spieße (Seite 51) eignet sich perfekt für ein Picknick. Ergänzen Sie diese Speisen mit frischem Baguette oder Landbrot, Weich- und Hartkäse, gepökelten Fleischwaren wie Salami und Obst. Packen Sie auch einen gekühlten leichten Wein ein, den Sie an heißen Tagen unter einem schattigen Baum trinken können, und eine Thermosflasche mit erfrischender Lavendellimonade (Seite 57). Beim Essen im Freien ist es wichtig, keine Spuren zu hinterlassen. Nehmen Sie also auch einen großen Müllbeutel mit.

Die einzigen wirklichen Voraussetzungen für ein gelungenes Picknick sind gutes Essen, gute Getränke und warmes, trockenes Wetter. Daneben gibt es ein paar Kleinigkeiten, die ein Essen im Freien noch vergnüglicher machen: Wenn Sie kein Ballspiel aus der Regency-Ära haben, packen Sie ein Boule- oder Schwedenschach-Set oder einfach eine Frisbee-Scheibe ein. Kinder (oder Junggebliebene) haben Spaß an einem Seifenblasenset, einem Drachen oder einer Gitarre. Wenn Sie nur zu zweit sind, nehmen Sie ein Kartenspiel oder ein romantisches Buch zum Vorlesen mit – oder legen Sie sich einfach auf die Decke, schauen verträumt in den Himmel und lassen Ihre Gedanken schweifen.

HERZOGLICHE STACHELBEERPASTETEN

Für 12 Stück

TEIG

320 g Weizenmehl (Type 405), plus etwas zum Bestäuben
1 TL Meersalz
225 g kalte Butter, gewürfelt
2 Eigelb
3 EL Eiswasser, bei Bedarf etwas mehr
3 EL Sahne
2 EL Rohrohrzucker (nach Belieben)

FÜLLUNG

60 ml frisch gepresster Orangensaft
3 EL Speisestärke
2,5 cm großes Stück Ingwer, geschält
350 g frische Stachelbeeren oder Kapstachelbeeren (siehe Hinweis)
330 g Zucker
4 Streifen Bio-Orangenschale (à 5 cm)

Lady Violet Bridgertons Koch mag für seine Stachelbeer-Pie bekannt sein, aber die Königin von England darf natürlich nicht von einer einfachen Viscountess übertroffen werden. Also lässt sie ihrerseits eine Stachelbeer-Pie entwickeln, die es mit der der Bridgertons aufnehmen kann. Das verlangt nicht nur ihr Selbstverständnis, sondern auch ihr Wohlwollen gegenüber dem Herzog von Hastings.

Hinweis: Wenn Sie keine frischen Stachelbeeren finden können, deren Saison ja relativ kurz ist, können Sie diese Teigtaschen auch mit frischen Kapstachelbeeren (Physalis) zubereiten, die es ganzjährig in jedem gut sortierten Supermarkt gibt. Spülen Sie die Beeren gründlich ab und kochen Sie sie einige Minuten länger, da sie etwas fester sind als Stachelbeeren.

☞ **FÜR DEN TEIG:** Mehl und Salz in der Schüssel der Küchenmaschine mischen. Die Butter unterkneten, bis eine krümelige Masse entstanden ist. Die Eigelbe kurz einarbeiten. Das Eiswasser hinzufügen und kneten, bis eine glatte Masse entsteht. Der Teig muss sich nicht zu einer Kugel formen, sollte aber nicht auseinanderbröseln, wenn er zusammengedrückt wird. Bei Bedarf noch etwas Wasser einarbeiten. Den Teig in Frischhaltefolie wickeln und zu einer 3 cm dicken Platte drücken. Mindestens 30 Minuten oder über Nacht im Kühlschrank ruhen und fester werden lassen.

☞ **FÜR DIE FÜLLUNG:** Orangensaft und Speisestärke in einer kleinen Schüssel verrühren. Den Ingwer quer in vier gleich große Stücke schneiden und mit der flachen Seite eines Messers andrücken. Stachelbeeren waschen, trocken tupfen. Orangensaftmischung, Ingwer, Stachelbeeren, Zucker und Orangenschalen in einem großen Topf mischen. Alles bei mittlerer Hitze 10–15 Minuten (je nach Reifegrad der Stachelbeeren) unter Rühren köcheln lassen, bis die Stachelbeeren zusammengefallen sind und die Flüssigkeit so weit eingedickt ist, dass der Kochlöffel beim Rühren eine Spur hinterlässt.

Fortsetzung nächste Seite

☛ Das Stachelbeerkompott in eine Schüssel füllen und bei Zimmertemperatur abkühlen lassen. Ingwer und Orangenschalen entfernen. Das Kompott abgedeckt mindestens 1 Stunde und bis zu 3 Tage kühl stellen. Es wird beim Abkühlen fester und sollte vor Verwendung eine etwas festere Konsistenz als Konfitüre haben.

☛ Den Backofen auf 190 °C (Ober-/Unterhitze) vorheizen. Zwei Backbleche mit Backpapier belegen.

☛ Wenn der Teig länger als 30 Minuten kühl gestellt wurde, ist er sehr hart. In diesem Fall den Teig einige Zeit vor dem Ausrollen aus dem Kühlschrank holen (Achtung: Er darf jedoch nicht zu warm werden!).

☛ Die Arbeitsfläche und eine Teigrolle leicht mit Mehl bestäuben und den Teig 2 mm dick ausrollen, dabei den Teig mehrmals drehen, damit er nicht klebt. Insgesamt 12 Kreise mit 14 cm Durchmesser ausschneiden (eine Müslischale als Schablone auf den Teig legen und darum herumschneiden). Die Teigreste zusammenkneten, ausrollen und weitere Kreise ausschneiden. Dabei Arbeitsfläche und Teigrolle immer wieder bemehlen.

☛ Je 2 EL Stachelbeerkompott in die Mitte der Teigkreise geben. Den Rand mit Sahne bestreichen und die Teigscheiben zu Halbkreisen zusammenklappen. Die Ränder andrücken und die Luft dabei herausstreichen. Die Ränder im Abstand von etwa 1 cm nach oben einschlagen, sodass eine gefältelte Kante entsteht. Alternativ die Teigränder mit den Zinken einer Gabel zusammendrücken, damit beim Backen keine Füllung austreten kann. Die Pasteten auf die vorbereiteten Backbleche legen und mit Sahne bestreichen. Mit einem Messer je einen kleinen Schlitz in die Teigoberseite stechen. Nach Belieben mit dem Rohrohrzucker bestreuen.

☛ Im vorgeheizten Ofen etwa 30 Minuten goldbraun backen. Die Pasteten 10 Minuten auf den Backblechen abkühlen lassen, dann auf ein Kuchengitter setzen und vollständig auskühlen lassen.

LADY DANBURY:
Wissen Sie, der Herzog ist verrückt nach Stachelbeerkuchen.

VIOLET BRIDGERTON:
Nun, der meines Kochs ist wahrhaft köstlich.

HÄHNCHENLOLLIS

mit Rotwein-Barbecuesauce

Für 24 Stück

12 ganze Hähnchenschenkel (ca. 1,5 kg)
Meersalz
1 EL Pflanzenöl zum Einfetten
2 TL Backpulver

SAUCE
170 g Tomatenmark
240 ml vollmundiger, fruchtiger Rotwein (z. B. Merlot oder Pinot Noir)
80 ml Rotweinessig, plus mehr nach Belieben
2 EL Black Treacle (dunkler Zuckersirup, siehe Hinweis, Seite 151)
100 g Rohrohrzucker
1 EL mittelscharfer Senf
1 ½ TL geräuchertes Paprikapulver
1 ½ TL Knoblauchpulver
1 ½ TL Zwiebelpulver
¼–½ TL zerdrückte rote Chiliflocken
gemahlener Piment
Salz

Das Geflügel in den königlichen Volieren führt ein besseres Leben als viele der menschlichen Untertanen der Königin – zumindest so lange, bis Königin Charlotte beschließt, eines ihrer legendären *luncheons* zu veranstalten, für die es mehreren Vögeln an den Kragen geht. Die beste Art, das königliche Geflügel zu würdigen, ist, nichts zu verschwenden. Für dieses Gericht werden die Flügel in handliche Sticks verwandelt und in eine würzig-süße Rotweinsauce getaucht.

☞ Die Hähnchenschenkel waschen und trocken tupfen. Dann mit einem großen, scharfen Messer an den Gelenken in je drei Stücke – in *Drumette* (Oberarm), der einer Minikeule gleicht, *Flat* (Unterarm) und *Tip* (Flügelspitze) – zerlegen. Die Flügelspitzen entsorgen oder zur Zubereitung einer Hühnerbrühe verwenden.

☞ Mit einem kleinen, scharfen Schälmesser sehr vorsichtig das dünne, knöcherne Ende der Oberarme einschneiden, bis sich Haut und Fleisch vom Knochen lösen lassen. Haut und Fleisch mit den Fingern in Richtung des fleischigen Endes schieben. Den Knochen freilegen und alle sehnigen Fasern mit einer Küchenschere entfernen. Auf ein Backblech legen.

☞ Dann bei den Unterarmen das kleine Gelenk, an der die beiden Knochen zusammenlaufen, durchtrennen. Etwas Fleisch um die beiden Knochen ablösen und den dünneren Knochen herausziehen. Fleisch und Haut mit den Händen nach unten schieben, sodass der verbleibende Knochen freiliegt. Die Teile sind etwas kleiner und sehen nicht so schön aus wie die Drumettes und sollten deshalb von Hand nachgeformt werden. Die freiliegenden Knochen säubern. Auf das Backblech legen. Die Hähnchenteile großzügig mit Salz würzen. Ohne Abdeckung in den Kühlschrank legen.

Fortsetzung nächste Seite

☞ **FÜR DIE SAUCE:** Tomatenmark, Rotwein, Rotweinessig, Sirup, Zucker, Senf, Paprika-, Knoblauch- und Zwiebelpulver, Chiliflocken, etwas Piment und eine großzügige Prise Salz in einem großen Topf verrühren und bei mittlerer Hitze etwa 10 Minuten unter gelegentlichem Rühren erhitzen, bis die Mischung aufwallt. Die Temperatur reduzieren und unter gelegentlichem Rühren etwa 45 Minuten halb abgedeckt köcheln lassen, bis die Sauce eingedickt ist. Bei Bedarf mit Salz und weiterem Essig abschmecken. Abkühlen lassen (die Sauce dickt dabei weiter ein).

☞ In der Zwischenzeit den Backofen auf 230 °C (Ober-/Unterhitze) vorheizen. Ein Backblech mit Alufolie belegen und die Folie mit dem Pflanzenöl einfetten.

☞ Das Fleisch aus dem Kühlschrank nehmen, mit Küchenpapier trocken tupfen und in eine große Schüssel geben. Mit dem Backpulver bestäuben und vermengen, bis sie gleichmäßig damit überzogen sind. Die Hähnchenteile bei Bedarf nachformen, damit sie eine schöne keulenartige Form erhalten. Dann die Hähnchenteile nebeneinander auf das vorbereitete Backblech legen.

☞ Die Hähnchenteile 25–30 Minuten im Ofen garen, bis sie leicht gebräunt und knusprig sind, dabei das Backblech nach 15Minuten drehen.

☞ Die Hähnchenteile aus dem Ofen nehmen und von beiden Seiten mit etwas Sauce bestreichen. Weitere 5 Minuten im Ofen garen, bis die Sauce Blasen wirft und stellenweise gebräunt ist. Dabei aufpassen, damit die Sauce nicht verbrennt. Die Hähnchenlollis auf einer Servierplatte anrichten und mit der restlichen Sauce servieren.

JAKOBSMUSCHELN

auf Erbsenpüree mit gebräunter Walnussbutter

Für 12 Portionen

12 große Jakobsmuscheln (ca. 500 g)
75 g Butter
225 g TK-Erbsen, aufgetaut
Meersalz und frisch gemahlener schwarzer Pfeffer
40 g Walnusskerne, grob gehackt
1 TL fein abgeriebene Bio-Zitronenschale
1–2 EL Pflanzenöl
12 große Minzblätter
1 ½ TL fein gehackte Estragonblätter
Saft von ½ kleinen Zitrone

Die Jakobsmuschel ist eine wahrhaft göttliche Meeresfrucht: aromatisch, fleischig und zart zugleich. Fragen Sie beim Fischhändler nach, ob er auch Muschelschalen hat, die nach einer gründlichen Reinigung perfekte Servierschalen für dieses Gericht abgeben, das eines Botticelli-Gemäldes würdig ist. Alternativ greifen Sie zu schönen kleinen Serviertellern.

☛ Einen großen Teller mit mehreren Lagen Küchenpapier bedecken. Falls die Jakobsmuscheln noch nicht küchenfertig sind, die Muschelherzen am Muskel aus den Schalen lösen und den Rogen entfernen. Die Muschelherzen nebeneinander auf den vorbereiteten Teller legen und ohne Abdeckung in den Kühlschrank stellen.

☛ In einem großen Topf 1 EL Butter bei mittlerer Hitze zerlassen. Die Erbsen mit 60 ml Wasser dazugeben und 2–3Minuten unter Rühren garen, dann mit Kochwasser sehr glatt pürieren. Dabei die Masse immer wieder von der Wand des Standmixers nach unten schaben. Bei Bedarf etwas Wasser hinzufügen. Das Erbsenpüree zurück in den Topf füllen. Mit Salz und Pfeffer würzen und abgedeckt warm halten.

☛ Die restliche Butter in einem mittelgroßen Topf bei mittlerer Hitze zerlassen und etwa weitere 5 Minuten erhitzen, bis sie nussig duftet und bräunt. Die Temperatur etwas reduzieren, die Walnüsse hinzufügen und unter Rühren 2Minuten rösten, bis die Butter gut gebräunt ist. Vom Herd nehmen und den Zitronenabrieb unterrühren. Mit Salz und Pfeffer abschmecken. Abgedeckt warm halten.

☛ Die Jakobsmuscheln aus dem Kühlschrank nehmen und großzügig mit Salz und Pfeffer würzen. Den Boden einer großen Gusseisen- oder Edelstahlpfanne mit einer dünnen Ölschicht bedecken und erhitzen, bis das Öl zu schimmern und zu rauchen beginnt.

Fortsetzung nächste Seite

☞ Die Jakobsmuscheln mit einer Küchenzange vorsichtig ins heiße Öl setzen und etwa 2 Minuten, ohne sie zu bewegen, braten, bis die Unterseite schön gebräunt und karamellisiert ist. Die Muscheln wenden und weitere 1–2 Minuten braten, bis auch die andere Seite gebräunt ist. Auf einen Teller setzen und mit Alufolie abgedeckt warm halten.

☞ Die Minzblätter waschen, trocken schütteln und grob hacken. Dann etwa 1 gehäuften EL Minzblätter unter das Erbsenpüree ziehen. Den Estragon unter die warme Walnussbutter rühren.

☞ Zum Servieren jeweils einen großzügigen Löffel Erbsenpüree auf zwölf kleine Teller kreisrund verstreichen und je eine Jakobsmuschel daraufsetzen. Mit Walnussbutter überziehen und mit etwas Zitronensaft beträufeln. Sofort servieren.

SCHWEINEBAUCH-SPIESSE

mit marinierten Cocktailtomaten

Für 24 Stück

Meersalz und frisch gemahlener schwarzer Pfeffer
2 TL Rohrohrzucker
¾ TL gemahlener Koriander
1 kg Schweinebauch mit Schwarte vom Spanferkel (ca. 3 cm dick)
Pflanzenöl zum Einfetten und Braten
2 Salatgurken (wenn möglich ohne Kerne)
24 marinierte Cocktailtomaten (Seite 53)

Normalerweise lässt Königin Charlotte bei einer festlichen Tafel ein ganzes Spanferkel als Prunkstück auftragen. Aber an ein ganzes Spanferkel zu kommen, ist für uns Normalsterbliche nicht so einfach und die wenigsten haben Personal, das das Tier vor- und zubereiten kann. Diese Schweinebauchspieße sind eine viel praktischere, aber ebenso köstliche Alternative.

☛ In einer Schale 2 TL Salz, etwas Pfeffer, Zucker und Koriander mischen.

☛ Den Schweinebauch in eine große Bratform legen und mit Küchenpapier sorgfältig trocken tupfen. Mit einem spitzen Messer die Schwarte in regelmäßigen Abständen einstechen, das Fleisch aber intakt lassen. Je mehr Einstiche, desto knuspriger wird die Schwarte. Den Schweinebauch wenden und das Fleisch, nicht aber die Schwarte mit der Gewürzmischung einreiben. Wieder wenden und die Schwarte großzügig mit Salz würzen. Ohne Abdeckung mindestens 12 und bis zu 48 Stunden im Kühlschrank ziehen lassen.

☛ Den Backofen auf 150 °C (Ober-/Unterhitze) vorheizen.

☛ Die Fettpfanne des Backofens mit Alufolie belegen. Das Ofengitter daraufsetzen und dünn mit Pflanzenöl einfetten. Den Schweinebauch mit der Schwarte nach oben darauflegen und die Schwarte mit Küchenpapier sorgfältig trocken tupfen.

☛ Im vorgeheizten Ofen 2½–3 Stunden braten, bis der Schweinebauch gar ist und eine Kerntemperatur von 82–85 °C erreicht hat. Aus dem Ofen nehmen, dann Fleisch und Schwarte mit Küchenpapier sorgfältig trocken tupfen.

Fortsetzung nächste Seite

MARINIERTE COCKTAILTOMATEN

Für ca. 720 g

350 g bunte Cocktailtomaten
3 Knoblauchzehen, leicht zerdrückt
175 ml Champagneressig
1 ½ EL Zucker
2 ½ TL Meersalz
2 TL rosa Pfefferbeeren
1 Lorbeerblatt

Die Tomaten waschen, dann mit der Spitze eines Gemüsemessers ein sehr kleines Loch in die Unterseite der Tomaten stechen. Die Tomaten mit den Knoblauchzehen in ein großes, hitzebeständiges Glas oder eine Schüssel geben.

Essig, 175 ml Wasser, Zucker, Salz, Pfefferbeeren und Lorbeerblatt in einem kleinen Topf mischen und bei mittlerer Hitze etwa 3 Minuten rühren, bis sich Zucker und Salz aufgelöst haben und die Mischung warm, aber nicht heiß ist (sonst werden die Tomaten matschig).

Die Cocktailtomaten mit der Lake übergießen, darin wenden und 30 Minuten bei Zimmertemperatur abkühlen lassen. Dann abgedeckt mindestens 24 Stunden und bis zu 7 Tage im Kühlschrank ziehen lassen. Das Aroma der Tomaten intensiviert sich, je länger sie marinieren. Nach einigen Tagen werden die Tomaten außerdem etwas weicher.

☞ Stellen, an denen die Schwarte noch nicht fest ist, mit einem spitzen Messer einstechen. Pflanzenöl etwa 5 mm hoch in eine große, tiefe Pfanne füllen. Den Schweinebauch mit der Schwarte nach unten hineinlegen. Auf mittlerer Hitze erwärmen, bis sich ringsum Bläschen bilden, dann weitere 8–12 Minuten sanft braten, bis die Schwarte aufgebläht, schön gebräunt und sehr knusprig ist. Bei Bedarf den Schweinebauch mit einer Küchenzange drehen, damit die Schwarte gleichmäßig bräunt.

☞ Den Schweinebauch mit Bratengabel und Küchenzange vorsichtig wieder auf das Ofengitter heben und 15 Minuten abkühlen lassen.

☞ In der Zwischenzeit die Gurken waschen, dann mit einer Mandoline oder einem Sparschäler längs etwa 24 lange dünne Bänder abnehmen.

☞ Den Schweinebauch mit einem scharfen Messer in etwa 24 Würfel schneiden. Mit einem Metallspieß oder einer Spicknadel ein kleines Loch in die Mitte der Schwarte bohren. So lässt sich das Schweinefleisch leichter auf die Spieße stecken. Die Würfel abwechselnd mit den marinierten Tomaten (siehe links) und gefalteten Gurkenbändern auf Spieße stecken, auf einer Platte anrichten und sofort servieren.

SOMMERPUDDING

mit Beeren und Schlagsahne

Für 8 Portionen

450 g Brombeeren, plus einige zum Garnieren
450 g Erdbeeren, geputzt und in 5 mm dicke Scheiben geschnitten, plus einige zum Garnieren
100–130 g Zucker (je nach Süße der Beeren)
Meersalz
250 ml schwarzer Johannisbeersaft
1–2 EL frisch gepresster Zitronensaft (nach Belieben)
28 dünne Scheiben festes weißes Toastbrot
250 g kalte Sahne
2 EL Puderzucker

Außerdem: 8 konische Dessertförmchen (à 250 ml) und große und kleine runde Ausstechformen

Dieses Dessert ist eine Hommage an eine der großen Erfolge von Königin Charlotte: die Liebesheirat des Herzogs und der Herzogin von Hastings, deren Anbahnung sie als persönlichen Triumph betrachtet. Niemand hat einen besseren Blick für Mode als die Königin, der sofort aufgefallen ist, wie gut dem Herzog von Hastings die Farbe Rot steht und die Herzogin mit ihrem ätherischsten Wesen zartes, schimmerndes Blau kleidet – eine Farbe, die viele Bridgertons gut tragen können, wie die Königin feststellt. Mit diesem Dessert in Violett will die Königin die Vereinigung zweier tadelloser (und tadellos gekleideter) Häuser würdigen.

☞ Acht Dessertförmchen so mit Frischhaltefolie auskleiden, dass sie am Rand mindestens 3 cm übersteht.

☞ Brombeeren waschen, trocken tupfen. Dann Brombeeren und Erdbeeren mit dem Zucker und etwas Salz in einer großen Schüssel mischen und etwa 15 Minuten unter gelegentlichem Rühren ziehen lassen, bis der Zucker sich aufgelöst hat und die Beeren Saft ziehen.

☞ Die Beeren mit ihrem Saft, Johannisbeersaft und 60 ml Wasser in einen großen Topf geben. Alles bei mittlerer Hitze etwa 10 Minuten sanft köcheln lassen, bis die Beeren weich sind, aber noch nicht auseinanderfallen. Der Sirup sollte süß mit einer feinsäuerlichen Note sein. Nach Belieben etwas Zitronensaft unterrühren.

☞ Ein großes Haarsieb auf die Schüssel setzen, in der die Früchte gezogen haben. Die Beeren einfüllen und auf Zimmertemperatur abkühlen und abtropfen lassen.

☞ In der Zwischenzeit den oberen und unteren Durchmesser der Förmchen abmessen und entsprechend große Ausstechformen (oder eine Alternative, z. B. ein rundes Trinkglas) auswählen. Jeweils acht große und kleine Kreise aus den Brotscheiben ausstechen und auf ein Backblech legen. Aus den Brotresten können Semmelbrösel oder Croûtons hergestellt werden.

☛ Die restlichen zwölf Brotscheiben entrinden und jeweils in vier Quadrate (etwa 4 × 4 cm) schneiden. Auf ein zweites Backblech legen.

☛ Die kleinen Brotkreise kurz in den abgekühlten Fruchtsirup tauchen und auf den Boden der Förmchen legen. Nun die Brotquadrate kurz in den Sirup tauchen und damit die Seiten der Förmchen leicht überlappend auskleiden (sechs Quadrate pro Förmchen). Die Beeren auf die ausgekleideten Förmchen verteilen und leicht andrücken. Mit je einem getränkten großen Brotkreis abdecken.

☛ Die überstehende Frischhaltefolie darüberschlagen. Die Förmchen auf ein Backblech stellen und mit Gewichten (z. B. kleine Dosen) beschweren, damit die Füllung verdichtet wird. Mindestens 6 Stunden oder über Nacht im Kühlschrank ziehen lassen.

☛ Kurz vor dem Servieren die Sahne mit dem Puderzucker steif schlagen. Die Sommerpuddings auf Dessertteller stürzen und die Frischhaltefolie vorsichtig abziehen. Mit Beeren und einem großen Klecks Schlagsahne garnieren. Sofort servieren.

CHAMPAGNER-PUNSCH MIT HOLUNDERBLÜTEN UND BLAUBEEREN

Für 8-10 Portionen

32-64 kleine essbare Blüten (z. B. Stiefmütterchen, Veilchen und/oder Ringelblumen)
225 g Blaubeeren, plus einige Beeren zum Garnieren
100 g Zucker
Meersalz
240 ml Holunderblütenlikör (z. B. St. Germain)
2 Flaschen kalter Champagner oder trockener Sekt (à 750 ml)

Außerdem: 2 Eiswürfelbehälter (für 15-16 Eiswürfel)

Dieser Champagnercocktail ist die perfekte Gelegenheit, um Ihre schönste Bowlenschüssel aus dem Schrank zu holen. Aber keine Sorge, es geht auch ohne! Die hübschen Eiswürfel mit essbaren Blüten darin machen fehlende funkelnde Kristallware mehr als wett. Der Holunderblütenlikör verleiht dem Punsch ein zartes, blumiges Aroma und eine honigartige Süße.

☞ Je 1–2 essbare Blüten in die Fächer von 2 Eiswürfelbehältern geben, mit Wasser auffüllen und ins Tiefkühlfach stellen. Alternativ größere Eiswürfel zubereiten und entsprechend mehr und unterschiedliche Blüten in die Fächer geben. Für besonders klare Eiswürfel destilliertes Wasser verwenden.

☞ Die Blaubeeren waschen, trocken tupfen, mit Zucker und etwas Salz in einer Schüssel mischen. Mit einer Gabel zerdrücken und 15 Minuten ziehen lassen.

☞ Die mazerierten Beeren mit 120 ml Wasser in einen kleinen Topf geben und bei mittlerer Hitze etwa 10 Minuten unter gelegentlichem Rühren köcheln lassen, bis die Beeren weich sind und der Sirup eine tiefviolette Farbe hat.

☞ Die Beeren in ein großes Haarsieb über einer Schüssel geben und mit einem Löffel durch das Sieb passieren. Abkühlen lassen, dabei das Sieb über der Schüssel belassen, damit möglichst viel Fruchtmark abtropft. Die Rückstände im Sieb entsorgen.

☞ Das Sieb spülen und auf eine große (Bowle-)Schüssel setzen und das Fruchtmark noch einmal passieren (es sollen keine Schalenstücke mehr enthalten sein). Holunderblütenlikör und Champagner dazugießen und umrühren. Blüteneiswürfel und einige Blaubeeren hinzufügen und sofort servieren.

LAVENDELLIMONADE

„Ich sehne mich nach einer frischen, einer vollkommen unerwarteten jungen Frau, die die Saison auf den Kopf stellt.“ —Königin Charlotte

Für 6-8 Portionen

2 EL getrocknete Lavendelblüten, plus ½ TL zum Garnieren
6 große Bio-Zitronen (ca. 900 g)
300 g Zucker, plus 2 EL
Eiswürfel (nach Bedarf)

Außerdem: Einweg-Teefilterbeutel und Küchengarn

Limonade gehört zu jeder respektablen Veranstaltung, da es sich für unverheiratete junge Damen nicht ziemt, zu viel Alkohol zu trinken. (Für ihre Brüder gilt genau das Gegenteil. Jeder Junggeselle, dem man auf einem Ball begegnet, ist nach einem nachmittäglichen Vorglühen in seinem Club vermutlich nicht mehr ganz nüchtern.) Etikette hin oder her, es ist doch ungerecht, dass die jungen Damen so eingeschränkt in ihrer Getränkewahl sind. Deshalb bietet Königin Charlotte immer Limonade mit einem gewissen Extra an.

Hinweis: Wenn Sie die selbst gemachten kandierten Zitronen weglassen möchten, können Sie den Lavendelsirup direkt nach dem Abkühlen verwenden. Achten Sie nur darauf, das Lavendelsäckchen beim Abkühlen im Sirup zu belassen, damit das blumige Aroma richtig zur Geltung kommt. Garnieren Sie die Limonade anstelle von kandierten Zitronen mit frischen Zitronenscheiben und einigen Lavendelblüten.

☞ Zuerst 2 EL Lavendelblüten in einen Filterbeutel geben und den Beutel mit Küchengarn fest zubinden.

☞ Für die kandierten Zitronenscheiben 1 Zitrone waschen, trocken tupfen und quer in feine Scheiben schneiden (etwas dünner als 3 mm; insgesamt etwa 12 Scheiben) und alle Kerne entfernen. Einen großen Topf zur Hälfte mit Wasser füllen und bei mittlerer Hitze aufkochen. Den Topf vom Herd nehmen, die Zitronenscheiben hinzufügen und etwa 5 Minuten im heißen Wasser ziehen lassen, bis sie weich sind. In der Zwischenzeit eine Schüssel mit Eiswasser bereitstellen. Das heiße Wasser abgießen und die Zitronenscheiben im Eiswasser abschrecken.

☞ Für den Lavendelsirup 300 g Zucker und 360 ml Wasser im selben Topf mischen und bei mittlerer Hitze etwa 5Minuten köcheln lassen.

Fortsetzung nächste Seite

☛ Das Lavendelsäckchen hinzufügen. Die Temperatur auf mittlere Hitze reduzieren und den Sirup weitere 10 Minuten leicht köcheln lassen. Das Lavendelsäckchen herausnehmen und beiseitelegen. Die Zitronenscheiben abtropfen lassen und in den Lavendelsirup geben. Den Sirup wieder zum Köcheln bringen, dann abgedeckt etwa 1 Stunde sanft köcheln lassen, bis die Zitronenscheiben weich und fast durchscheinend sind.

☛ Ein Backblech mit Backpapier belegen. Die kandierten Zitronenscheiben mit einer Küchenzange vorsichtig aus dem Sirup nehmen, kurz abtropfen lassen und nebeneinander auf das vorbereitete Backblech legen. Bei Zimmertemperatur etwa 24 Stunden abkühlen und trocknen lassen.

☛ Das Lavendelsäckchen wieder in den heißen Sirup geben. Den Sirup abkühlen lassen, dann mit dem Lavendelsäckchen in einen Krug oder ein Schraubglas füllen und kühl stellen.

☛ Die restlichen Zitronen auspressen (es sollte etwa 240 ml Saft ergeben). Das Lavendelsäckchen aus dem Sirup nehmen und entsorgen. Sirup und frisch gepressten Zitronensaft mit 1 l Wasser in einen großen Krug geben und umrühren. Nach Belieben noch etwas mehr Wasser untermischen.

☛ Den restlichen Zucker mit ½ TL Lavendelblüten mischen. Die kandierten Zitronenscheiben portionsweise darin schwenken und wieder auf das Backblech legen.

☛ Die Lavendellimonade in mit Eis gefüllte hohe Gläser füllen, mit 1–2 kandierten Zitronenscheiben garnieren und sofort servieren.

Die korrekte Anrede

„Ihr seid ein Prinz. Also betört sie."
—Königin Charlotte zu Prinz Friedrich

Wer *fragen* muss, welche Regeln in der feinen englischen Gesellschaft gelten, gehört nicht wirklich dazu. Für alle, die nicht mit einem Titel oder einem alten Stammbaum geboren wurden, ist das englische Gesellschaftssystem kaum zu durchschauen. Wie soll man sich also verhalten, wenn man einem König oder einer Königin präsentiert wird? Steht ein Earl (Graf) im Rang höher als ein Baron? Und was genau ist ein Viscount (Vizegraf)?

Die wichtigste Regel für den Umgang in höheren Kreisen lautet, niemals auf eine fremde ranghöhere Person zuzugehen – andersherum ist es sehr wohl gestattet. Aus diesem Grund ist es hilfreich, eine einflussreiche Fürsprecherin wie Lady Danbury zu haben, die Sie unter ihre Fittiche nimmt.

Wenn Sie vor einen König oder eine Königin treten, müssen Sie ihm oder ihr zuerst ihren Respekt erweisen. Für Männer ist eine tiefe Kopfverbeugung angemessen. Von Frauen wird ein kleiner, anmutiger Knicks erwartet. Angesprochen werden die Hoheiten mit „Your Majesty" (Eure Majestät) und in der Folge mit „Sir" und „Ma'am". Prinzen und andere männliche Mitglieder der königlichen Familie werden zuerst mit „Your Royal Highness" (Ihre königliche Hoheit) und dann mit „Sir" angeredet; Prinzessinnen und andere weibliche Mitglieder der royalen Familie mit „Your Royal Highness" und danach mit „Ma'am".

Ein herzogliches Paar wie Hastings wird mit „Duke" und „Duchess" oder „Your Grace" (Euer Gnaden) angesprochen und mit „His/Her Grace the Duke/Duchess of Hastings" angeschrieben.

Man verbeugt sich, wenn man einen Raum betritt oder verlässt, wenn man jemandem begegnet, den man begrüßen möchte, und am Anfang und Ende eines Tanzes.

Marquess und Marchioness wie Ashdown (Markgraf und Markgräfin) werden als „Most Honourable the Marquess and Marchioness of Ashdown" angeschrieben und als „Lord/Lady Ashdown" angesprochen. Wenn Sie an einen Earl oder eine Countess wie Lindsay schreiben, lautet die Anrede „Right Honourable Earl of Lindsay" bzw. „Countess of Lindsay". Angesprochen werden sie aber mit „Lord/ Lady Lindsay". Ein Viscount (Vizegraf) ist insofern besonders, als dass er kein „of" (von) im Titel trägt. So ist Anthony einfach „Right Honourable the Viscount Bridgerton" (schriftlich) oder „Lord Bridgerton" (mündlich). Ein Baron oder eine Baroness wie Featherington kann mit Orts- oder Familiennamen bezeichnet werden (Baron of Featherington oder einfach Baron Featherington) und sollte mit „Lord" bzw. „Lady" angesprochen werden.

Die älteste unverheiratete Tochter einer Familie wird nur mit Nachnamen angesprochen, z. B. „Miss Sharma". Ihre jüngeren Schwestern werden mit Vor- und Nachnamen angesprochen: „Miss Edwina Sharma". Das Gleiche gilt für die Söhne. Zu Lebzeiten seines Vaters war Anthony einfach Mr. Bridgerton und seine Brüder waren Mr. Benedict Bridgerton und Mr. Colin Bridgerton.

Die gesellschaftliche Leiter

Monarch

Königshaus

Nobility (Hochadel mit vererbtem Titel)
- Duke (Herzog)
- Marquess (Markgraf)
- Earl (Graf)
- Viscount (Vizegraf)
- Baron

Gentry (angesehene, oft wohlhabende Familien des niederen Adels mit einem gewissen Einfluss)
- Baronet
- Knight (Ritter)
- Grundbesitzer
- Gentleman mit Besitz, ohne Titel

Der Rest der Bevölkerung (Handwerker, Gewerbetreibende, Bedienstete, Arbeiter, Arme)

SHERRY COBBLER

Für 1 Portion

1 Bio-Zitronenscheibe
1 Bio-Orangenscheibe
20 ml Läuterzucker
(siehe rechts)
90 ml Amontillado-Sherry
zerstoßenes Eis
Minzstängel zum Garnieren
halbierte Bio-Zitrusfrucht-scheiben zum Garnieren
frische Beeren und Fruchtstücke nach Wahl, auf einen Cocktailspieß gesteckt, zum Garnieren

Dieser Cocktail ist die perfekte Erfrischung für den frühen Nachmittag. Seine Grundlage, Sherry, ist ein Likörwein und deshalb weniger stark als andere Spirituosen wie Whiskey oder Gin. Das bedeutet, dass Sie sich mehr als einen Drink genehmigen können, ohne sich vor Ihrer Majestät zu blamieren.

Bei der Garnierung müssen Sie sich nicht in vornehmer Zurückhaltung üben. Bei einem Sherry Cobbler gilt das Motto: Mehr ist mehr. Reife Beeren, feinste Zitrusfrüchte und duftende Kräuter – hier ist alles erlaubt.

☛ Zitronen- und Orangenscheibe mit dem Läuterzucker in einen Cocktailshaker geben und zerdrücken. Den Sherry hinzufügen, mit Eis auffüllen und schütteln, bis alles gut vermischt ist. In ein mit zerstoßenem Eis gefülltes Wein- oder Collins-Glas abseihen. Minzstängel und Zitrusscheiben zwischen Eis und Glasrand stecken, den Fruchtspieß quer darüberlegen. Sofort mit einem Trinkhalm servieren.

LÄUTERZUCKER

1 Teil Zucker
1 Teil Wasser

☛ Zucker und Wasser in einem Topf unter gelegentlichem Rühren zum Köcheln bringen, bis sich der Zucker aufgelöst hat. Vor der weiteren Verwendung abkühlen lassen. In einer luftdicht verschließbaren Flasche hält sich der Läuterzucker bis zu 1 Monat im Kühlschrank.

3

Teestunde bei den Sharmas

„Ich habe [Edwina] sogar beigebracht, wie dieser elende englische Tee zubereitet wird. Ich verabscheue englischen Tee."

—Kate Sharma

Unabhängig davon, ob man nun gerne Tee trinkt oder nicht, ist es schwer, sich dem Reiz einer englischen Teestunde zu entziehen. Der Nachmittagstee steht für beste englische Gastfreundschaft, egal wie einfach (eine Tasse Tee mit einem Stück Kuchen) oder aufwendig (feinstes Porzellan und so viele Sandwiches auf Silbertabletts, um eine kleine Armee – oder einen Bridgerton – zu verköstigen) das Arrangement ist. Auch wenn die Viscountess Kate Bridgerton, geborene Sharma, nicht gerade viel von englischem Tee hält, kann sie dem damit verbundenen Ritual durchaus etwas abgewinnen. Die Etikette lässt dem weiblichen Teil der feinen englischen Gesellschaft nicht viele Freiheiten. Eine der wenigen Gelegenheiten, um die eigene Meinung kundzutun, ohne sich um neugierige Blicke und gespitzte Ohren sorgen zu müssen, ist der Nachmittagstee.

Die Rezepte in diesem Kapitel bieten viel Abwechslung, und wir hoffen, dass Ihre Teestunde ebenso sein wird. Dabei spielt es keine Rolle, ob Sie eine Teekanne aus Porzellan oder eine schöne Teedose haben, solange Sie dabei von interessanten Menschen umgeben sind.

EINLADUNG ZUR

Teeparty

Die englische Leidenschaft für Tee ist allgemein bekannt und gut dokumentiert. Aber was viele Briten Ihnen nicht verraten werden, ist, dass das Geheimnis einer guten Teestunde wenig mit dem Getränk und alles mit der Qualität der Gespräche zu tun hat. Laden Sie dazu also Menschen ein, die Sie wirklich schätzen und schon länger nicht mehr gesehen haben, sodass eine angeregte Unterhaltung garantiert ist.

DEKORATION

Schaffen Sie eine gemütliche, gesprächsfördernde Atmosphäre. Wenn Sie nicht um einen Tisch sitzen, achten Sie darauf, dass die Gäste dennoch mehr oder weniger im Kreis und nah genug zusammensitzen, dass alle der Unterhaltung folgen können. Natürlich können Sie Tee in allen nur erdenklichen Tassen und Bechern servieren, aber um den Geist von *Bridgerton* heraufzubeschwören, sind Vintage-Tassen aus feinem Porzellan mit Untertassen vorzuziehen. Vielleicht haben Sie ja ein komplettes Teeservice mit Zuckerdose und Milchkännchen. Wenn nicht, lohnt sich ein Besuch im Trödelladen oder auf dem Flohmarkt. Silberne Teelöffel runden das Ensemble ab, ebenso wie ein schönes Blumenarrangement – vielleicht ein niedriges Bouquet aus Hortensien und Pfingstrosen, der an einen sonnenverwöhnten Sommergarten erinnert, oder ein duftender Strauß aus zarten Frühjahrsboten wie Narzissen, Tulpen und Vergissmeinnicht.

ESSEN + TRINKEN

Wie Tee richtig zubereitet und serviert wird, erfahren Sie auf Seite 73. Stellen Sie Kännchen mit Sahne und Milch, einen Teller mit Zitronenscheiben und eine Zuckerdose mit braunen Zuckerwürfeln bereit. Bieten Sie zwei oder drei selbst zubereitete Häppchen an – Herzhaftes (z. B. Tee-Sandwiches, Seite 71) ebenso wie Süßes (Petits Fours, Seite 79). Wenn Sie eine Etagere haben, ordnen Sie die herzhaften Gerichte unten und die süßen darüber an.

Ist *High Tea* eine schickere Version des Nachmittagstees? Ganz im Gegenteil. In England bezeichnete der *High Tea* ursprünglich eine reichhaltige Mahlzeit, die in Arbeiterkreisen am späten Nachmittag oder frühen Abend serviert wurde. Die Speisen wurden oft am Esstisch (*high table*) oder auf Arbeitsbänken serviert, daher der Name. *High Tea* zeichnete sich also eher durch deftige, herzhafte Gerichte aus, während kleine, feine (und süße) Häppchen eher zum *afternoon tea* serviert werden.

TEE-SANDWICHES

Für je 16 Stück

GURKE UND RETTICH MIT CHAAT-MASALA-BUTTER

110 g zimmerwarme Butter, aufgeschlagen
1 EL Chaat Masala (indische Gewürzmischung), plus etwas zum Abschmecken
Meersalz
8 dünne Scheiben Vollkorn-Sandwichbrot, entrindet
2 große Salatgurken, in sehr feine Scheiben geschnitten
6 Radieschen, in sehr feine Scheiben geschnitten

SANDWICH MIT CURRY-HÄHNCHEN-SALAT

2 Hähnchenbrüste mit Knochen und Haut (ca. 700 g)
1 ½ TL natives Kokosöl
Meersalz und frisch gemahlener schwarzer Pfeffer
80 g Mayonnaise
80 g indischer Naturjoghurt (siehe Hinweis, Seite 77)
3 EL pikantes oder scharfes Mango-Chutney
1 EL Madras-Currypulver, plus 1 TL zum Bestäuben
70 g Bleichsellerie, fein gewürfelt
30 g Frühlingszwiebeln, in feine Ringe geschnitten
40 g geröstete, gesalzene Cashewkerne, grob gehackt
80 g kleine, kernlose rote Trauben, geviertelt

Von Jahr zu Jahr wird die Zeit zwischen Mittag- und Abendmahl in den Häusern der feinen Londoner Gesellschaft immer länger, und vor allem an einem Ballabend kann sich eine Dame glücklich schätzen, wenn sie ihre letzte Mahlzeit vor 1 Uhr am Morgen einnehmen kann. Aus diesem Grund verspeist Kate Bridgerton zum Nachmittagstee gleich mehrere Sandwiches, um bis zum Dinner durchzuhalten.

☛ **FÜR DIE GURKEN-RADIESCHEN-SANDWICHES:** Butter und Chaat Masala in einer Schüssel cremig rühren. Mit weiterem Chaat Masala und Salz abschmecken. Die Brotscheiben mit je 1 gehäuften EL Masala-Butter bestreichen. Die Gurken- und Radieschenscheiben abwechselnd schuppenartig darauf anordnen. Die Brotscheiben mit einem scharfen Messer diagonal halbieren. Auf einer Servierplatte anrichten und servieren.

☛ **FÜR DIE SANDWICHES MIT HÄHNCHENSALAT:** Den Backofen auf 190 °C (Ober-/Unterhitze) vorheizen.

☛ Die Hähnchenbrüste in einen Bräter geben. Die Haut mit dem Kokosöl bestreichen und großzügig mit Salz und Pfeffer würzen. Etwa 30 Minuten im Ofen garen, bis die Kerntemperatur an der dicksten Stelle bei 75 °C liegt. Die Hähnchenbrüste auf ein Schneidebrett legen und etwa 30 Minuten abkühlen lassen. Die Haut entfernen. Das Fleisch vom Knochen lösen und fein würfeln. Die Hähnchenwürfel in eine Schüssel geben und in den Kühlschrank stellen. Alternativ 500 g vorgekochtes, gewürfeltes Hähnchenfleisch verwenden.

☛ Mayonnaise, Joghurt, Mango-Chutney und Currypulver in einer Schüssel glatt verrühren. Hähnchenwürfel, Sellerie, Frühlingszwiebeln und Cashewkerne unterrühren. Die Trauben unterziehen. Mit Salz und Pfeffer würzen. Den Hähnchensalat bis zum Rand auf 8 Brotscheiben verteilen. Mit den restlichen Brotscheiben bedecken und leicht andrücken. Diagonal halbieren oder vierteln. Auf einer Servierplatte anrichten und servieren.

Fortsetzung nächste Seite

16 dünne Scheiben Frucht-Nuss-Sandwichbrot (oder dünn geschnittene Brioche), entrindet

RÄUCHERLACHS MIT KORIANDER-ERDNUSS-CREME

30 g rohe Erdnusskerne
1 großes Bund Koriander (ca. 75 g), Blätter und zarte Stängel grob gehackt
1 Knoblauchzehe, zerdrückt
1 grüne Bird's-Eye-Chilischote, fein gehackt
2 EL frischer Limettensaft, plus etwas zum Abschmecken
1 Prise Zucker (nach Belieben)
Meersalz
16 dünne Scheiben Kastenweißbrot, entrindet
120 g Frischkäse, cremig gerührt
225 g Räucherlachs

☞ **FÜR DIE RÄUCHERLACHS-SANDWICHES MIT KORIANDER-ERDNUSS-CREME:** Die Erdnüsse in einer kleinen Pfanne bei mittlerer Hitze 6–8 Minuten rösten, dabei gelegentlich an der Pfanne rütteln. Auf einem Teller abkühlen lassen.

☞ Die Erdnüsse mit Koriander, Knoblauch, Chili, Limettensaft, 2 EL Wasser, Zucker (nach Belieben) und etwas Salz im Standmixer oder mit einem Stabmixer zu einer glatten Paste verarbeiten. Falls die Paste zu fest ist, mit etwas Wasser strecken. In eine Schale füllen und bei Bedarf mit weiterem Salz und Limettensaft abschmecken.

☞ Die Brotscheiben halbieren, sodass 2 Rechtecke entstehen. Die Hälfte der Rechtecke mit je ½ EL Frischkäse bestreichen, dann je 1 TL Koriander-Erdnuss-Creme unter den Frischkäse ziehen. Mit Räucherlachs belegen und mit den restlichen Brotstreifen bedecken. Leicht andrücken. Auf einer Servierplatte anrichten und servieren. Die restliche Koriander-Erdnuss-Creme hält sich in einem luftdicht verschließbarem Behälter bis zu 5 Tage im Kühlschrank.

KATE:
Darf ich Ihnen vielleicht ein Stück Kuchen anbieten, Mr. …

MR. BROOKES:
Brookes. Nur wenn Sie darauf bestehen. Es wäre unhöflich abzulehnen. Tee, drei Löffel Zucker und womöglich auch ein paar Häppchen. Danke.

Die Kunst der Teezubereitung

☞ Einen Wasserkocher mit kaltem Wasser füllen und zum Kochen bringen.

☞ Wenn Sie möchten, können Sie die Teekanne vorwärmen. Dazu etwas heißes Wasser hineingießen, in der Kanne schwenken und abgießen.

☞ Geben Sie 1–2 TL losen Tee pro 250 ml Wasser in die Teekanne.

☞ Sobald das Wasser kocht, den Tee in der Teekanne damit überbrühen.

☞ Den Tee ziehen lassen – wie lange, hängt von der Teesorte und den Vorlieben Ihrer Gäste ab (je länger der Tee zieht, desto kräftiger wird er).

Empfohlene Brühzeiten

Weißer Tee	1–2 Minuten
Grüner Tee	2 Minuten
Oolong-Tee	2–3 Minuten
Kräutertee	3–4 Minuten
Rooibos	3–4 Minuten
Chai	3–5 Minuten
Schwarzer Tee	3–5 Minuten

Tee-Etikette

Die Höflichkeit gebietet es, dass die Gastgeberin oder der Gastgeber jeden Gast fragt, wie der Tee bevorzugt wird (mit Zucker, mit Milch bzw. Sahne oder mit Zitrone) und jede Tasse einzeln zubereitet, bevor sie auf die Untertasse gestellt und dem Gast gereicht wird.

Halten Sie die Teetasse beim Trinken am Henkel, anstatt die Hand um die ganze Tasse zu legen (es ist schließlich kein Kaffeebecher). Fassen Sie den Henkel mit Daumen und Zeigefinger und achten auf Ihren kleinen Finger: Ein abgespreizter kleiner Finger gilt mittlerweile als unfein. Stellen Sie Ihre Tasse nach jedem Schluck wieder auf die Untertasse.

Es sollte eigentlich selbstverständlich sein, aber hier noch einmal zur Sicherheit: Trinken Sie Ihren Tee immer nur in kleinen Schlucken und schlürfen Sie ihn auf keinen Fall. Sonst könnte es sein, dass sich Lady Whistledown in der nächsten Ausgabe ihres beliebten Gesellschaftsblattes über Ihre schlechten Manieren lustig macht.

ZWIEBACK

mit Datteln, Pistazien und Fenchel

Für ca. 24 Stück

140 g Weizenmehl (Type 405)
1 ¼ TL Backpulver
½ TL Meersalz
100 g Zucker
1 EL fein abgeriebene Bio-Orangenschale
gemahlene Kurkuma
¾ TL Fenchelsamen, zerstoßen
110 g zimmerwarme Butter, plus etwas zum Einfetten
2 zimmerwarme Eier
1 zimmerwarmes Eigelb
120 g weiche Medjool-Datteln, entsteint und in 1 cm große Stücke geschnitten
70 g Pistazienkerne, grob gehackt
3 EL Rohrohrzucker

Außerdem: Backform (20 × 20 cm)

Dieses zweimal gebackene Feingebäck, das einige an seinen italienischen Verwandten namens Cantuccini erinnern dürfte, ist in vielen Teilen Indiens ein Klassiker zur Teestunde. Tunken Sie es in duftenden Chai (Seite 85), einen London Fog Latte (Seite 33) oder in welches Heißgetränk auch immer sich in Ihrer Tasse befindet.

☛ Den Backofen auf 175 °C vorheizen. Eine quadratische Backform (20 × 20 cm) mit Butter einfetten, mit Backpapier auskleiden und auch das Backpapier einfetten.

☛ Mehl, Backpulver und Salz in einer Schüssel mischen.

☛ Zucker, Orangenschale, etwas Kurkuma und Fenchelsamen in eine zweite Schüssel geben und mit der Hand verreiben, bis die Mischung an feuchten Sand erinnert. Die Butter hinzufügen und 5 Minuten mit einem Handrührgerät auf mittlerer bis hoher Stufe unterrühren, bis die Masse luftig-cremig ist. Eier und Eigelb nacheinander einarbeiten. Die Mehlmischung hinzufügen und mit einem Teigschaber unterziehen, bis alles gut vermischt ist. Datteln und Pistazien unterziehen.

☛ Den Teig in die vorbereitete Form füllen. Glatt streichen und mit dem Rohrohrzucker bestreuen. Im vorgeheizten Ofen 25–30 Minuten backen. Zur Probe einen Holzspieß in die Teigmitte stechen; es sollte keine Masse daran kleben bleiben. Den Kuchen 10 Minuten abkühlen lassen, dann aus der Form lösen, das Backpapier abziehen und den Kuchen auf einem Kuchengitter vollständig abkühlen lassen.

☛ Die Ofentemperatur auf 150 °C (Ober-/Unterhitze) reduzieren. Ein Backblech mit Backpapier belegen.

☛ Den Kuchen mit einem Messer halbieren, dann die Hälften quer in 1 cm breite Streifen schneiden. Mit der Schnittfläche nach oben auf das Backblech legen und 20 Minuten backen, dann die Streifen wenden und weitere 10–20 Minuten backen, bis sie sich trocken anfühlen und leicht gebräunt sind. Das Gebäck 5 Minuten auf dem Blech abkühlen, dann auf einem Kuchengitter vollständig auskühlen lassen.

MANGO-JOGHURT-GELEES

Für 6-12 Portionen (je nach Größe)

Pflanzenöl zum Einfetten
1 Päckchen Gelatinepulver
120 ml Kokosmilch
50 g Zucker
¼ TL Safranfäden
350 g frisches Mangofleisch, gewürfelt, plus einige Scheiben zum Garnieren
120 g fester indischer Naturjoghurt (siehe Hinweis)
essbare Blüten zum Garnieren

Außerdem: 6 Dessertförmchen (à 100 ml) oder 12 Förmchen (à 50 ml)

Diese goldgelben Gelees erhalten ihre wunderschöne Farbe durch die Zugabe von kostbarem Safran. Sir Philip Crane, Gatte von Miss Marina Thompson, ist ein begeisterter Botaniker und könnte viel Interessantes über das erlesene Gewürz berichten, das aus den Stempelfäden einer bestimmten Krokusart gewonnen wird. Aber für unsere Zwecke genügt es zu sagen, dass die Safranfäden diesem Dessert neben der schönen Farbe auch ein subtiles, warmes Aroma verleihen.

Hinweis: Indischer Joghurt ist in indischen Lebensmittelgeschäften erhältlich. Alternativ können Sie ihn durch eine Mischung aus griechischem Joghurt und Naturjoghurt im Verhältnis 1:1 ersetzen.

☛ Die Förmchen leicht einfetten und auf ein Backblech stellen.

☛ Die Gelatine nach Packungsanweisung mit 60 ml Wasser mischen und quellen lassen.

☛ Kokosmilch und Zucker in einer Schüssel mischen. Den Safran zerkrümeln und unterrühren. Die Mischung 5 Minuten ziehen lassen.

☛ Die Kokosmilch-Safran-Mischung mit Mangofruchtfleisch und Joghurt im Standmixer oder mit dem Stabmixer glatt pürieren.

☛ Die Gelatine in einem kleinen Topf bei schwacher Hitze etwa 2 Minuten unter Rühren auflösen, dann 1 Minute bei starker Hitze in die Mango-Joghurt-Masse einarbeiten.

☛ Die Masse in die Förmchen füllen und im Kühlschrank mindestens 4 Stunden oder über Nacht fest werden lassen.

☛ Vor dem Servieren die Gelees auf Dessertteller stürzen. Damit dies leichter gelingt, die Gelees vorher mit einem kleinen Schälmesser vorsichtig vom Rand der Form lösen und dann 5–10 Sekunden zur Hälfte in heißes Wasser tauchen. Dabei darauf achten, dass kein Wasser in die Förmchen läuft. Mit frischen Mangoscheiben und essbaren Blüten garnieren.

PETITS FOURS AUS DEVONSHIRE-HONIGKUCHEN

mit Ingwer und Rosenwasser

Für 36–42 Stück

HONIGKUCHEN

120 g Butter, gewürfelt, plus etwas zum Einfetten
170 g Honig
50 g brauner Zucker
2,5 cm großes Stück Ingwer, geschält und fein gerieben
2 zimmerwarme Eier
180 g Weizenmehl (Type 405)
1 TL Backpulver
½ TL Meersalz
¼ TL Natron
1 ½ EL Zucker
1 TL Rosenwasser

Diese entzückenden Häppchen mit ihrer rosa Glasur und der blütenzarten Garnierung sehen aus wie liebevoll verpackte Geburtstagsgeschenke und sind deshalb fast zu schade zum Essen. *Fast.* Aber nach dem ersten Bissen von diesem zartem Honigkuchen mit samtiger Honig-Buttercreme und fruchtiger Konfitüre ist jedes Bedenken, etwas so Hübsches zu vernichten, hinweggefegt.

Wenn es einmal schneller gehen muss, können Sie die Glasur weglassen, die Kuchenwürfel mit Rosenwassersirup tränken und mit Honig-Buttercreme bestreichen.

☛ **FÜR DEN HONIGKUCHEN:** Den Backofen auf 180 °C (Ober-/Unterhitze) vorheizen. Eine quadratische Backform (24 × 24cm) mit Butter einfetten und mit Backpapier belegen. Das Backpapier ebenfalls einfetten. Ein großes Haarsieb auf eine große Schüssel setzen.

☛ Butter, Honig, Zucker und Ingwer in einen mittelgroßen Topf geben und bei mittlerer Hitze unter gelegentlichem Rühren 5–8 Minuten köcheln lassen. Die Mischung durch das Sieb in die Schüssel gießen (um alle faserigen Ingwerstücke zu entfernen) und 20 Minuten unter gelegentlichem Rühren abkühlen lassen.

☛ Die Eier nacheinander mit einem Schneebesen sorgfältig in die warme (nicht mehr heiße!) Honigmischung einarbeiten. Mehl, Backpulver, Salz und Natron darübersieben und unterrühren. Den Teig in die vorbereitete Form füllen und glatt streichen. Im vorgeheizten Ofen 25–30 Minuten goldbraun backen, dabei die Backform nach 20 Minuten drehen. Zur Probe einen Holzspieß in die Teigmitte stechen; es sollte keine Masse daran kleben bleiben.

Fortsetzung nächste Seite

HONIG-BUTTERCREME
120 g zimmerwarme Butter
2 EL Honig
Meersalz
150 g Puderzucker
1–4 TL Milch (bei Bedarf)
75 g feinsäuerliche Konfitüre (z.B. Himbeere oder Sauerkirsche) oder Lemon Curd

GLASUR
1 kleine Rote Bete (ca. 80 g), geschält
320 g Puderzucker
170 g weiße Schokolade, grob gehackt
3 EL heller Maissirup
essbare Rosenblütenblätter (oder andere Blüten) zum Garnieren

Außerdem: Backform (24 × 24 cm)

☞ Den Kuchen 15 Minuten in der Form abkühlen lassen, dann auf ein Kuchengitter stürzen. Das Backpapier abziehen. Den Kuchen wenden und vollständig abkühlen lassen.

☞ Ränder und Oberfläche des Kuchens mit einem Messer begradigen. Dann den Kuchen halbieren und jeweils in 2Böden schneiden, sodass 4 Streifen entstehen.

☞ Zucker und 1½ EL heißes Wasser in einer Schale verrühren, bis der Zucker sich aufgelöst hat, dann das Rosenwasser unterrühren. Die Teigböden mit der Schnittfläche nach oben legen und gleichmäßig mit dem Sirup tränken. Auf ein kleines Backblech legen und 20 Minuten im Tiefkühlfach anfrieren lassen.

☞ **FÜR DIE HONIG-BUTTERCREME:** Butter, Honig und etwas Salz in einer Schüssel mit einem Handrührgerät auf mittlerer bis hoher Stufe 1–2 Minuten hell und cremig rühren. Den Puderzucker auf niedriger Stufe einarbeiten, dann auf hoher Stufe weitere 2–3 Minuten rühren, bis die Masse eine dickcremige, gut streichfähige Konsistenz hat. Bei Bedarf teelöffelweise Milch einarbeiten.

☞ Die Teigböden aus dem Tiefkühlfach holen und die Buttercreme auf den beiden unteren Teigböden in einer gleichmäßigen Schicht bis an die Ränder verstreichen. Die oberen Teigböden mit Konfitüre oder Lemon Curd bestreichen. Mit der bestrichenen Seite nach unten auf die beiden unteren Teigstreifen setzen und leicht andrücken. Wieder auf das Backblech setzen und etwa 30 Minuten ins Tiefkühlfach stellen, bis sie fest sind.

☞ Einen der Kuchen aus dem Tiefkühlfach holen und mit einem Messer in 3 cm große Würfel schneiden. Auf ein zweites kleines Blech setzen und wieder ins Tiefkühlfach geben. Mit dem zweiten Kuchen ebenso verfahren, sodass insgesamt 36–42 Würfel entstehen. Weitere 30 Minuten im Tiefkühlfach fest werden lassen.

☞ **FÜR DIE GLASUR:** Die Rote Bete mit einer Kastenreibe in eine mittelgroße Schüssel reiben. Ein kleines Haarsieb auf eine kleine Schüssel setzen. Die geriebene Rote Bete hineingeben und mit einem Löffelrücken möglichst viel Saft ausdrücken (es wird 1 EL Saft benötigt). Die geriebene Rote Bete entsorgen oder für einen anderen Zweck verwenden.

☞ Den Puderzucker in eine große Schüssel sieben. Ein Kuchengitter auf ein Backblech setzen.

☞ Einen kleinen Topf 3 cm hoch mit Wasser füllen und zum Kochen bringen. Dann die Hitze so reduzieren, dass das Wasser siedet, aber nicht mehr sprudelnd kocht. Die Schokolade in eine hitzebeständige Schüssel geben, die auf den Topf passt, das Wasser aber nicht berührt. Die Schüssel auf den Topf setzen und die Schokolade unter Rühren schmelzen. Den Herd ausschalten, die Schokolade aber auf dem Wasserbad lassen, damit sie flüssig bleibt.

☞ Maissirup und Rote-Bete-Saft mit 60 ml heißem Wasser in einer Schüssel vermischen – je nach gewünschter Farbintensität: 1 TL für Zartrosa und 3 TL für kräftigeres Pink. Die Mischung unter die Schokolade ziehen, bis die Glasur einheitlich eingefärbt ist und eine dicke, aber gießfähige Konsistenz hat, ähnlich wie dickflüssige Karamellsauce. Wenn die Mischung zu fest ist, teelöffelweise heißes Wasser einarbeiten, bis die richtige Konsistenz erreicht ist.

☞ Je 4 Kuchenwürfel aus dem Tiefkühlfach holen. Nacheinander auf eine Gabel legen und die Glasur mit einem Löffel darübergießen, bis der Kuchenwürfel vollständig bedeckt ist. Eventuelle Luftblasen mit der Spitze eines scharfen Schälmessers zum Platzen bringen und bei Bedarf mit weiterer Glasur überziehen. Die Gabel am Schüsselrand abschlagen, um überschüssige Glasur abtropfen zu lassen. Die Kuchenwürfel auf das Kuchengitter setzen. Einige Blüten vorsichtig daraufsetzen und leicht andrücken. Mit den restlichen Kuchenwürfeln ebenso verfahren. Wenn die Glasur zu stark eindickt, diese über dem Wasserbad vorsichtig erwärmen und verflüssigen. Die Glasur bei Zimmertemperatur etwa 2 Stunden fest werden lassen, dann die Petit Fours servieren.

MINCEMEAT-SAMOSAS

Für 16 Stück

50 g getrocknete Aprikosen, grob gehackt
50 g getrocknete Sauerkirschen
50 g Rosinen
30 g Korinthen
1 kleiner Apfel (160 g), geschält, entkernt und fein gehackt
50 ml Weinbrand
80 ml frisch gepresster Orangensaft
1 EL fein abgeriebene Bio-Orangenschale
60 g brauner Zucker
110 g Butter, plus 2 EL
½ TL gemahlener Zimt
¼ TL gemahlener Kardamom
¼ TL frisch geriebene Muskatnuss
¼ TL gemahlener Ingwer
⅛ TL gemahlene Gewürznelken
¼ TL Meersalz
80 g Mandeln, gehackt und geröstet
21 Filoteigblätter (ca. 23 × 36 cm)
Puderzucker zum Bestäuben

Dieses Rezept ist die köstliche Vereinigung zweier Klassiker aus sehr unterschiedlichen Regionen des einstigen britischen Empires: englischer *mincemeat pie*, einem gedeckten Kuchen mit einer Füllung aus Trockenfrüchten, Weinbrand und Gewürzen, und indischen Samosa, ausgebackenen Teigtaschen. Letztere sind in der Regel mit herzhaften Zutaten wie Kartoffeln, Zwiebeln und Erbsen gefüllt. Um die Zubereitung für alle etwas einfacher zu machen, die nicht gerade eine eigene Köchin haben, werden bei diesem Rezept Filoteigblätter aus dem Supermarkt verwendet. Außerdem werden die Teigtaschen hier nicht in heißem Fett, sondern im Ofen gebacken.

☛ Trockenfrüchte, Apfel, Weinbrand, Orangensaft und -schale, Zucker, 2 EL Butter, Gewürze und Salz in einem großen Topf mischen. Alles bei mittlerer Hitze rühren, bis die Butter geschmolzen ist und die Masse leicht köchelt. Dann 20–25 Minuten unter gelegentlichem Rühren weitergaren, bis der Apfel weich ist und der größte Teil der Flüssigkeit zu einem sehr dickflüssigen Sirup verkocht ist. Die Masse in eine mittelgroße Schüssel füllen und die Mandeln untermischen. Abkühlen lassen (die Masse wird dabei etwas fester).

☛ Den Backofen auf 200 °C (Ober-/Unterhitze) vorheizen. Ein Backblech mit Backpapier belegen.

☛ Die restliche Butter in einem kleinen Topf bei schwacher Hitze zerlassen, dann neben die Arbeitsfläche stellen. 4 Teigblätter großzügig mit Butter bestreichen und aufeinanderlegen. (Die restlichen Teigblätter mit einem feuchten Küchentuch abdecken, damit sie nicht austrocknen.) Die Teigplatte längs in 3 gleich breite Streifen schneiden.

Fortsetzung nächste Seite

☛ Je 1 gehäuften EL abgekühlte Trockenfruchtmasse auf eine untere Ecke des Teigstreifens geben, dabei einen 1 cm breiten Rand frei lassen. Die andere Ecke darüberschlagen, sodass die Kanten bündig sind. Den Teigstreifen auf diese Weise weiter bis zum Ende falten, sodass dreieckige Teigtaschen entstehen. Beide Seiten mit weiterer Butter bestreichen und auf das vorbereitete Backblech setzen. Mit einem feuchten Küchentuch abdecken.

☛ Den Vorgang mit den restlichen Teigblättern wiederholen, bis auf ein Teigblatt. Das letzte Teigblatt mit Butter bestreichen. Längs in 3 gleich breite Streifen schneiden und aufeinanderlegen. Wie beschrieben, einen letzten, nun dreilagigen Samosa falten.

☛ Die Samosas im vorgeheizten Ofen 20 Minuten goldbraun und knusprig backen, dabei das Backblech nach 10 Minuten drehen. Die Samosas 15 Minuten auf dem Backblech abkühlen lassen, dann leicht mit Puderzucker bestäuben und lauwarm servieren.

KATES MASALA CHAI

Für 1 Portion

5 Gewürznelken
6 schwarze Pfefferkörner
3 grüne Kardamomkapseln
1 Zimtstange
2,5 cm großes Stück Ingwer, in feine Scheiben geschnitten
1 EL loser Schwarztee (z. B. Assam, siehe Hinweis)
120–175 ml Milch, Kokosmilch oder Pflanzendrink
2–4 TL Zucker

Auch wenn ein Großteil des in England konsumierten Tees aus Indien stammt, ist das, was als „englischer Tee" bezeichnet wird, eigentlich eine aus China importierte Zubereitungsart, bei der lose Teeblätter mit kochendem Wasser überbrüht werden und darin ziehen, während in Indien Teeblätter zusammen mit Milch, Zucker (oder Jaggery) und Gewürzen wie Ingwer und Kardamom aufgekocht werden. Es gibt nichts, was Kate Bridgerton an ihrem Heimatland so sehr vermisst als diese Art der Teezubereitung. Glücklicherweise kann sie mit diesem aromatischen Chai die Aromen ihrer Kindheit auch in ihrem neuen Anwesen Aubrey Hall und Bridgerton House heraufbeschwören.

Hinweis: Wenn Sie keinen losen Schwarztee haben, ersetzen Sie die Menge durch 1–2 Teebeutel.

☛ Nelken, Pfefferkörner, Kardamomkapseln und Zimtstange in einem Mörser leicht zerdrücken. Die Gewürzmischung mit Ingwer, Teeblättern und 240–250 ml Wasser in einen Topf geben und sprudelnd aufkochen. Dann die Hitze reduzieren, bis die Mischung noch sanft köchelt. Abgedeckt 5 Minuten ziehen lassen.

☛ Milch und Zucker hinzufügen. Die Hitze wieder erhöhen und die Mischung unter Rühren zum Sieden bringen. Den Chai 1–2Minuten weiterziehen lassen.

☛ Den Chai in eine große Tasse abseihen. Sofort servieren.

MR. DORSET:
London ist gewiss ganz anders als Bombay. Sie sind doch von dort angereist, nicht?

KATE:
Ja.

MR. DORSET:
Ich war schon dort. Ein wundervoller Ort. Sie vermissen ihn sicher schrecklich.

KATE:
Jede Minute eines jeden Tages. Doch ganz besonders zur Teestunde.

BEE'S KNEE

Für 1 Portion

60 ml Gin
22 ml frisch gepresster Zitronensaft
22 ml Honigsirup (siehe unten) oder Vanille-Honig-Sirup (Seite 33)
Eiswürfel
Zitronenzeste zum Garnieren

Die meisten Getränke, die bei einer Teestunde serviert werden, sind harmlos und haben kaum berauschendes Potenzial. Aber nach einer besonders spannenden Partie Pall-Mall (Seite 88) verspüren Sie vielleicht das Verlangen nach etwas Stärkerem. Dieser erfrischende Cocktail mit feinen Zitrusnoten eignet sich auch schon vor der blauen Stunde.

☛ Gin, Zitronensaft und Sirup mit Eiswürfeln in einen Cocktailshaker geben und schütteln, bis die Mischung gut gekühlt ist. In ein Coupé-Glas abseihen und mit der Zitronenzeste garnieren. Sofort servieren.

HONIGSIRUP

2 Teile Honig
1 Teil heißes Wasser

☛ Honig und Wasser in ein Schraubglas füllen und zum Mischen kräftig schütteln. Vor Gebrauch erkalten lassen. Der Sirup hält sich bis zu 1 Monat im Kühlschrank.

Pall-Mall – nach Bridgerton-Art

KATE:
Wie lauten die genauen Regeln des Spiels?

DAPHNE:
Bei Pall-Mall geht es weniger um die Regeln als um das Ziel, und das besteht darin, Ihren Ball durch die Tore zu schlagen. Der erste Spieler, der durch das letzte Tor schlägt, gewinnt. Einfach, nicht wahr? Doch wenn Sie der Teufel reitet, nutzen Sie Ihren Schlag anders und stoßen den Ball eines Mitspielers so weit vom nächsten Tor weg, wie es Ihnen gefällt.

EDWINA:
Warum einen Schlag vergeuden, wenn ich meinen Ball doch durch die Tore stoßen soll?

KATE:
Um deinen Gegner in Rage zu versetzen.

DAPHNE:
Völlig richtig. Ein schwacher Spieler spielt nur das Spiel, ein kluger mit seinen Gegnern.

KATE:
Ich bin sicher, ich werde dieses Spiel genießen.

Allen, die schon einmal Krocket gespielt haben, dürfte Pall Mall bekannt vorkommen. Der Vorläufer des Krocketspiels gelangte im 17. Jahrhundert von Italien über Frankreich, wo es als *paille maille* bekannt war – abgeleitet vom italienischen *pallamaglio* (Holzhammerball) –, auf die britischen Inseln und entwickelte sich dort schnell zu einem beliebten Spiel der feinen englischen Gesellschaft.

Die Viscountess Kate Bridgerton – bei ihrer Ankunft in England noch Pall-Mall-Novizin – war bei diesem Spiel sofort in ihrem Element. Heute ist jeder Gast, der die Ehre hat, von der Viscountess zum *afternoon tea* empfangen zu werden, eingeladen (wohl eher: verpflichtet), an einer Partie des Lieblingsspiels der Bridgertons teilzunehmen.

Die Regeln sind einfach: In einem Parcours werden eine Reihe kleiner Torbögen

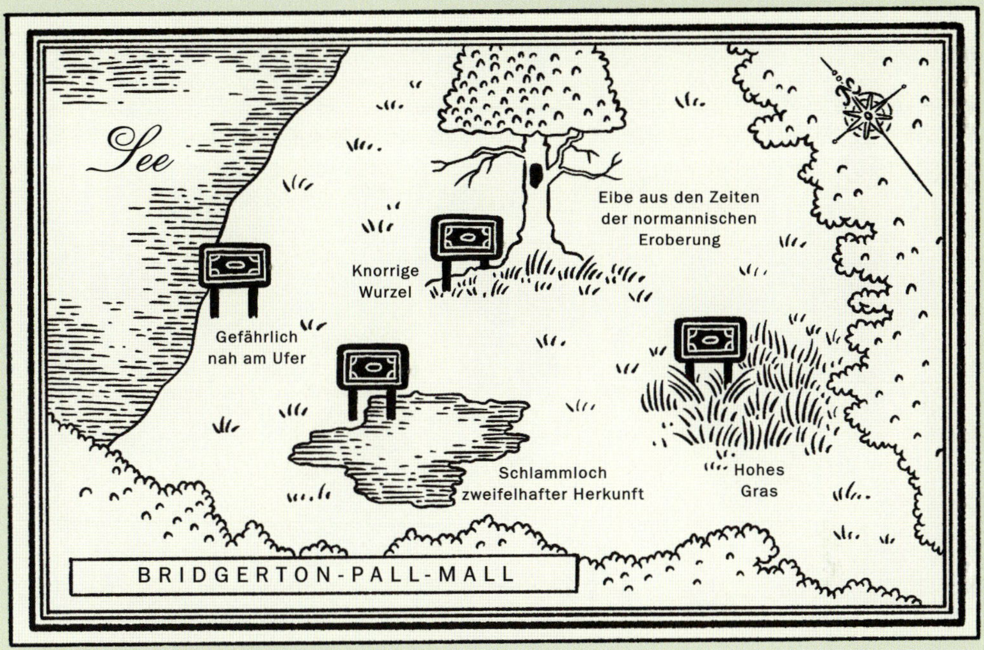

in den Boden gesteckt, durch die Kugeln mit einem Holzschläger befördert werden müssen. Wer den Parcours mit den wenigsten Schlägen absolviert, gewinnt. Ein einfacher Zeitvertreib? Nicht so bei den Bridgertons, die dieses Spiel mit einigen Sonderregeln etwas interessanter gestaltet haben.

Zum einen finden sie einen regulären Parcours langweilig, sodass sich das ein oder andere Törchen (*wicket*) auch hinter einem Ziegenstall versteckt oder nahe an einer Pfütze befindet. Zum anderen wäre da noch der eigenwillige Bridgerton-Spielstil. Während ein gewöhnlicher Pall-Mall-Spieler seinen Schlag nutzt, um zum nächsten *wicket* zu gelangen, nimmt ein Bridgerton genauso gerne den Ball des an diesem Tag besonders enervierenden Geschwisters ins Visier. „Ehre und Aufrichtigkeit haben ihre Zeit und ihren Platz", hat man bereits mehr als einen Bridgerton hören sagen, „aber *nicht* bei einer Partie Pall-Mall".

Es ist nicht ungewöhnlich, dass ein(e) Bridgerton sein oder ihr Vorankommen dem Vergnügen opfert, einen Gegner in die Enge getrieben zu sehen. Der Bridgerton-Stil ist sicherlich nicht für jede(n) geeignet, und es liegt an Ihnen zu entscheiden, wie Sie Ihre eigene Partie spielen wollen. Denken Sie an Ihre Mitspielenden: Sind Ihre Gäste liebenswert, aufrichtig und ehrlich? Oder eher angeberisch und übereifrig? Im Zweifelsfall stellen Sie Ihre *wickets* in einem logischen Parcours auf, idealerweise gut sichtbar und an Stellen ohne Wasser oder anderen Hindernissen. Wenn Sie wollen, können Sie ein Tablett mit Getränken in der Nähe jedes *wickets* aufstellen, um die Spielenden an jeder Station zu belohnen.

Auch wenn die Bridgertons beim Spiel rücksichtslose Kontrahenten sind, wissen sie, dass sie danach jeden Groll ablegen müssen, wenn sie keinen Rüffel von Lady Violet erhalten wollen. So endet jede Partie gütlich.

4

Dinner auf dem Featherington-Ball

„Varley, ich will das alles erstrahlt. Ich will Glanz und Gold. Ich will von allem das Beste."

—Lady Portia Featherington

Die schönsten Ballnächte beginnen erst um 21 oder 22 Uhr und dauern bis in die frühen Morgenstunden, mitunter bis Sonnenaufgang. Bei den *allerschönsten* Bällen müssen die Gäste durch gewisse Maßnahmen sogar aus dem Haus komplementiert werden (indem beispielsweise die Bediensteten diskret die Punschschalen abräumen oder die Musiker nicht mehr ganz so harmonisch spielen).

Andererseits ist für eine Gastgeberin nichts peinlicher als eine Tanzfläche, die sich schon vor 1 Uhr am Morgen leert, und Gäste, die vorzeitig ihre Kutschen rufen. Der sicherste Weg für einen vollen Ballsaal mit lebhaftem Treiben sind exquisite Speisen. Portia Featherington würde lieber nach Amerika flüchten, als sich als dem Vorwurf der Knauserigkeit ausgesetzt zu sehen. Der Champagner muss fließen, und der Desserttisch muss mit so vielen Leckereien bedeckt sein, dass das Tischtuch darunter nicht zu sehen ist.

Die Rezepte in diesem Kapitel sind Ballerprobt und von Gästen anerkannt. Aber, geneigte Leserschaft, erweisen Sie Ihren Gästen einen Gefallen und servieren Sie sie, bevor der Hahn kräht.

EINLADUNG ZUM

Dinner

Einen echten Regency-Ball zu veranstalten, ist heute fast unmöglich. Wer hat schon ein Haus oder eine Wohnung mit einem echten Ballsaal mit ausreichend vielen Kronleuchtern? Durchaus machbar ist aber, Esprit und Flair eines Balles heraufzubeschwören, ganz gleich ob bei einem Bridgerton-*Fernsehabend, einer rauschenden Party oder einem exquisitem Abendessen mit lieben Freunden. Solche Anlässe sollten elegant, üppig dekoriert und wohl inszeniert sein, sodass die Gäste – getragen von entsprechender Musik und der richtigen Dosis prickelnder Getränke – die Zeit vergessen und das Tanzbein schwingen.*

DEKORATION

Decken Sie den Tisch mit einem weißen Tischtuch, hohen, eleganten Kerzenhaltern und mehr Gläsern als benötigt. (Es ist ein gutes Zeichen, wenn Ihre Gäste so viel Spaß haben, dass sie nicht mehr wissen, welches Glas ihres ist.) Verwenden Sie nach Möglichkeit Stielgläser aus Kristallglas: Weingläser, Champagnerflöten, Cocktailschalen und Co. reflektieren das Kerzenlicht besonders schön und erzeugen eine glitzernd-funkelnde Atmosphäre im Raum. Wenn Sie nicht genügend Gläser bzw. Serviergeschirr besitzen, können Sie es leihen oder auf Flohmärkten danach suchen. Machen Sie sich Gedanken über die Gästezahl und wie sich der Abend entwickeln könnte: Wenn es zu voll wird, sollten Sie ein paar Getränkestationen mit Eiskübeln, Gläsern und Flaschen in den Ecken des Raumes aufstellen, damit sich nicht alle an einer Stelle tummeln. Kombinieren Sie hohe Kerzenhalter oder Kandelaber mit Teelichtern, damit der Raum in schönes Licht getaucht wird. Verleihen Sie dem Speisetisch mit einem Blumenarrangement aus typisch englischen Gartenblumen (Rosen, Dahlien, Rittersporn) etwas Höhe und dekorieren ihn üppig mit weiteren kleinen Sträußchen oder Grünzeug. Überlegen Sie, wie der Abend ablaufen soll – erst speisen, dann tanzen – und stellen dann eine entsprechende Playlist zusammen.

ESSEN + TRINKEN

Stapeln Sie hoch! Beeindrucken Sie Ihre Gäste mit einem Meeresfrüchteturm (Seite 101) und servieren Sie Fingerfood auf Etageren. Bauen Sie aus gekauften Macarons und Fondant eine Macaronpyramide (Seite 118). Lassen Sie sich von Regency-Menükarten zu einem Abendprogramm inspirieren, in dem die einzelnen Programmpunkte (Cocktails, Abendessen, Tanz, Kaffee und Dessert) stilvoll aufgelistet werden.

Auf so manchem Ball der Regency-Ära wurde das Essen erst um 1 Uhr morgens serviert. Für Sie selbst dürfte es wesentlich angenehmer sein, ein paar wohlverdiente – und dringend benötigte – Pausen einzulegen. Wenn Sie Ihre Menükarten mit einem Zeitrahmen versehen (z. B. „Kaffee und Dessert um 21 Uhr"), wissen Ihre Gäste ungefähr, wann das Ende der Party eingeläutet wird. Wenngleich es als unhöflich gilt, mit dem Aufräumen zu beginnen, während die Gäste noch essen und sich unterhalten, ist es durchaus in Ordnung, die Musik leiser zu drehen, um ihnen ein diskretes Zeichen zu geben. Gäste mit besonders großem Sitzfleisch können Sie nach ihren Plänen für den nächsten Tag fragen, um dann darauf hinzuweisen, dass auch Sie etwas vorhaben. Wenn jemand den Wink mit dem Zaunpfahl nicht versteht, fragen Sie höflich, ob Sie ihm bzw. ihr ein Taxi rufen können.

MEERESFRÜCHTETURM

Für 6-8 Portionen

GARNELENCOCKTAIL MIT MARIE-ROSE-SAUCE

1 kg Riesengarnelen (16–20 Stück), ausgelöst und entdarmt, aber mit intaktem Schwanzende
2 EL natives Olivenöl extra
Meersalz und frisch gemahlener schwarzer Pfeffer
1 zimmerwarmes Eigelb
1 EL frisch gepresster Zitronensaft, plus etwas zum Abschmecken
¼ TL Cayennepfeffer
175 ml neutrales Pflanzenöl (z. B. Traubenkernöl)
3 EL Ketchup
1 TL Worcestersauce
scharfe Sauce (z. B. Tabasco)

Je höher sich die Hors d'Œuvres türmen, desto näher sind sie Gott – findet zumindest Portia Featherington, für die Understatement ein eher unbekanntes Wort ist. So besteht dieses Hors d'Œuvre nicht aus einer, nicht aus zwei, sondern gleich aus drei Komponenten. Bei Ihnen zu Hause muss es ja nicht ganz so opulent sein. Ihre Gäste werden auch mit nur einer dieser köstlichen Zubereitungen glücklich sein. Sollten Sie noch ehrgeiziger sein als Lady Featherington, können Sie den Turm um vorgekochte Hummerschwänze und/oder Krebsscheren mit Zitronenspalten zum Beträufeln ergänzen.

☞ **FÜR DEN GARNELENCOCKTAIL:** Den Backofen auf 230 °C (Ober-/Unterhitze) vorheizen.

☞ Die Garnelen mit dem Olivenöl beträufeln und darin wenden. Mit Salz und Pfeffer würzen. Auf einem Backblech verteilen und etwa 10 Minuten im Ofen braten, bis sie glasig und durchgegart sind. Die Garnelen auf einen Teller geben und abkühlen lassen.

☞ **FÜR DIE SAUCE:** Eigelb, Zitronensaft, Cayennepfeffer und eine große Prise Salz in einer Schüssel mit einem Schneebesen glatt rühren.

☞ Etwa die Hälfte des neutralen Öls tröpfchenweise unter Rühren – mit einem Schneebesen, einem elektrischen Handrührgerät oder einem Stabmixer – in die Eimasse einarbeiten, bis sie gebunden ist. Dann das restliche Öl in einem dünnen Strahl unter ständigem Rühren dazugießen. Es sollte eine sehr dickflüssige, cremige Masse entstehen.

☞ Ketchup, Worcestersauce und etwas scharfe Sauce mit einem Schneebesen unterrühren. Mit Salz und zusätzlichem Zitronensaft abschmecken. Die Sauce in eine Servierschale füllen und neben die abgekühlten Garnelen stellen.

Fortsetzung nächste Seite

AUSTERN MIT CHAMPAGNER-APFEL-MIGNONETTE

1 Flasche kalter Champagner (750 ml)
2 EL gehackte Schalotten
2 EL fein gehackter säuerlicher Apfel, mit Schale
80 ml Apfelessig
¼ TL Zucker
Meersalz und frisch gemahlener schwarzer Pfeffer
12–16 frische Austern, ausgelöst (Schalen zum Garnieren aufheben)
zerstoßenes Eis zum Servieren

KREBSFLEISCHSALAT MIT KRÄUTERN

30 g rote Zwiebel, in sehr feine Streifen geschnitten (lange Streifen halbiert)
50 g Fenchel, in sehr feine Streifen geschnitten (lange Streifen halbiert), plus etwas Fenchelgrün zum Garnieren
2 TL fein abgeriebene Bio-Zitronenschale
3 EL frisch gepresster Zitronensaft, plus etwas zum Abschmecken
3 EL natives Olivenöl extra, plus etwas zum Beträufeln
Meersalz und frisch gemahlener schwarzer Pfeffer
3 EL grob gehackte Petersilie
2 EL grob gehackter Dill
2 EL Schnittlauchröllchen
350 g frisches Krabbenfleisch, verlesen
Cracker, Toastdreiecke, Gurkenscheiben, Chicorée- und/oder Radicchioblätter, zum Servieren

☞ **FÜR DIE AUSTERN:** Für die Mignonette 60 ml Champagner, Schalotten, Apfel, Apfelessig, Zucker, etwas Salz und etwas Pfeffer in einer Schüssel verrühren. Die ausgelösten Austern auf eine Austernschalenhälfte setzen und auf zerstoßenem Eis auf einer Servierplatte anrichten. Sofort mit der Mignonette und dem restlichen Champagner servieren.

☞ **FÜR DEN KREBSFLEISCHSALAT:** Die Zwiebelstreifen 10 Minuten in einer Schüssel mit Eiswasser ziehen lassen, dann das Wasser abgießen und die Zwiebeln trocken tupfen. In einer zweiten Schüssel mit Fenchel, Zitronenschale und -saft, Olivenöl, etwas Salz und Pfeffer vermengen und 10 Minuten ziehen lassen, bis Zwiebeln und Fenchel etwas weicher werden. Petersilie, Dill und Schnittlauch unterrühren, dann das Krebsfleisch unterheben. Mit Salz, Pfeffer und zusätzlichem Zitronensaft abschmecken. In eine Servierschüssel füllen, mit etwas Olivenöl beträufeln und Fenchelgrün garnieren. Mit Crackern, Toast, Gurkenscheiben, Chicorée- und/oder Radicchioblättern servieren.

☞ **ZUM SERVIEREN:** Jede dieser drei Zubereitungen ist für sich genommen schon köstlich. Für einen echten Hingucker arrangieren Sie sie mit ihren verschiedenen Beilagen auf zerstoßenem Eis bzw. gut gekühlt auf einer Etagere.

GRANATAPFEL-WÜRZWEIN

mit Zitrusfrüchten

Für 8-10 Portionen

1 große Bio-Blutorange
1 große Bio-Cara-Cara-Orange
2 Flaschen (à 750 ml) vollmundiger, fruchtiger Rotwein (z. B. Merlot)
120 ml Weinbrand
120 ml Orangenlikör (z. B. Cointreau oder Triple Sec)
400 ml Granatapfelsaft
180 g Honig
8 Gewürznelken
3 Zimtstangen
2 Sternaniskapseln
Granatapfelkerne zum Garnieren

Eine der größten Ungerechtigkeiten, die junge, unverheiratete Damen der Londoner High Society hinnehmen müssen, ist, dass von ihnen erwartet wird, in der Öffentlichkeit sittsam nur an Tee oder Limonade zu nippen. Ihre verheirateten Geschlechtsgenossinnen hingegen dürfen sich diesen herrlich duftenden Würzwein genehmigen. Seien Sie mutig, geneigte Leserschaft, und setzen Sie sich über die Konventionen hinweg: Servieren Sie dieses Getränk allen Gästen, unabhängig von Geschlecht und Familienstand.

☛ Beide Orangensorten waschen, trocken tupfen und in feine Scheiben schneiden. Je die Hälfte der Scheiben in Halbmonde schneiden und abgedeckt auf einem Teller bei Zimmertemperatur beiseitestellen.

☛ Die restlichen Orangenscheiben mit Wein, Weinbrand, Orangenlikör, Granatapfelsaft, Honig, Nelken, Zimtstangen und Sternanis in einen großen Topf geben und bei mittlerer Hitze etwa 30 Minuten unter gelegentlichem Rühren köcheln lassen. Die Hitze reduzieren und den Wein halb abgedeckt 1Stunde ziehen lassen.

☛ Den Würzwein durch ein Haarsieb in einen zweiten Topf abgießen. Gewürze und Orangenscheiben entsorgen. Den heißen Wein in Becher füllen, mit den beiseitegelegten Orangenscheiben und Granatapfelkernen garnieren und sofort servieren.

FLEISCH-KARTOFFEL-PASTETCHEN

Für 6 Stück

TEIG

630 g Weizenmehl (Type 405), plus etwas für die Arbeitsfläche
2 TL Meersalz
160 g kalter Rindertalg (siehe Hinweise)
4 Eigelb
1 Ei

FÜLLUNG

350 g Hirsch- oder Rinderlende, pariert, klein gewürfelt
2 ¼ TL Meersalz
1 ½ TL frisch gemahlener schwarzer Pfeffer
1 mittelgroße vorwiegend festkochende Kartoffel (ca. 140 g), geschält und längs geviertelt
½ mittelgroße Steckrübe (ca. 140 g), geschält und längs halbiert
1 kleine gelbe Zwiebel (ca. 140 g), geschält und geviertelt
110 g kalte Butter, gewürfelt

Außerdem: 6er-Muffinform

In England wird kein Fleisch mehr geschätzt als Wild. Das liegt nicht etwa daran, dass es besser als alles andere schmeckt, sondern weil es einen besonderen, weil *königlichen* Status hat. Seit den Tagen Wilhelms des Eroberers (zu Beginn des 11. Jh.) war es verboten, ohne Genehmigung auf königlichen Ländereien zu jagen. Da der größte Teil der Flächen mit Wildbestand in Besitz der Krone war, wurde und wird Wild als etwas Besonderes angesehen. Wenn Wild nicht nach Ihrem Geschmack ist, können Sie es auch durch Rindfleisch ersetzen.

Hinweise: Rindertalg ist ein aus reinem Fettgewebe von Schlachtrindern ausgeschmolzenes Speisefett, das für diverse traditionelle britische Gerichte verwendet wird, um ihnen ein reichhaltigeres Aroma zu verleihen. Da das Fett einen relativ hohen Schmelzpunkt hat, ist es bei Zimmertemperatur sehr fest und muss vor Verwendung gerieben oder fein gehackt werden. Da es für den Privatgebrauch eher selten nachgefragt wird, sollten Sie es beim Metzger vorbestellen. Alternativ können Sie es in diesem Rezept durch dieselbe Menge Schmalz oder Butter ersetzen. Da Butter einen höheren Wassergehalt hat, geben Sie nur 160 ml Eiswasser in den Teig und arbeiten bei Bedarf esslöffelweise zusätzliches Wasser ein.

Wenn Sie wenig Zeit haben, können Sie auch 4 Packungen ungesüßten Mürbeteig aus dem Kühlregal verwenden, die wie unten beschrieben weiterverarbeitet werden.

Für 12 Pasteten verdoppeln Sie einfach die Zutatenmengen, stellen den Teig aber in 2 Portionen her, da das Fassungsvermögen Ihrer Küchenmaschine für die gesamte Mehlmenge vermutlich nicht ausreicht. Den Teig in 4 Portionen ausrollen und wie beschrieben weiterverarbeiten.

FÜR DEN TEIG: Das Mehl in der Schüssel der Küchenmaschine mit 2 TL Salz mischen. Den Talg einarbeiten, bis eine grobkrümelige Masse entstanden ist. Das Eigelb unterkneten. Dann nach und nach 175 ml sehr kaltes Wasser bei laufendem Motor

Fortsetzung nächste Seite

dazugießen, bis der Teig gebunden ist. Dabei den Teig immer wieder von der Schüsselwand nach unten schaben. Der Teig muss sich nicht als Kugel von der Schüsselwand lösen, sollte aber nicht auseinanderfallen, wenn man ihn zusammendrückt. Bei Bedarf noch etwas Wasser einarbeiten.

☞ Den Teig auf ein großes Stück Frischhaltefolie geben, kurz mit der Hand kneten, halbieren und zu 2 etwa 3 cm dicken Scheiben drücken. Die Scheiben einzeln in Frischhaltefolie einschlagen und etwa 30 Minuten oder über Nacht im Kühlschrank ruhen lassen.

☞ Ein Backblech mit Backpapier belegen. Wenn der Teig länger als 30 Minuten im Kühlschrank war und sehr hart ist, den Teig bei Zimmertemperatur ruhen lassen, bis er sich gut ausrollen lässt. Arbeitsfläche und Teigrolle leicht mit Mehl bestäuben. Eine Teigscheibe 3 mm dick ausrollen. Dabei den Teig nach jeder Rollbewegung etwas drehen, damit er nicht auf der Arbeitsfläche anhaftet. Insgesamt je 3 Kreise mit 14 cm und 16 cm Durchmesser daraus ausschneiden (eine Müsli- oder Suppenschale kann dabei als Schablone dienen). Die Teigreste zusammenkneten und erneut ausrollen, bis alle Kreise ausgeschnitten sind. Letzte Teigreste können für die Verzierung der Pastetchen genutzt werden. Die kleineren Scheiben und die Teigreste auf das vorbereitete Backblech legen, mit Frischhaltefolie abdecken und in den Kühlschrank stellen.

LORD COWPER:
Nun, Featherington, ich wette, ein Wildbret wie dieses finden Sie in Amerika nicht.

JACK FEATHERINGTON:
Es geht gewiss nichts über die englische Küche.

☞ Mit den 3 großen Teigscheiben 3 Vertiefungen der Muffinform auskleiden. Dabei darauf achten, dass der Teig dicht an Boden und Ränder anliegt und möglichst wenig Falten wirft, damit er gleichmäßig dick ist. Bei Bedarf den Teig nach oben ausstreichen und bis auf einen Überstand von 1 cm abschneiden. Die Form mit Frischhaltefolie abdecken und in den Kühlschrank stellen.

☞ Die zweite Scheibe ebenfalls 3 mm dick ausrollen und je 3 kleine und große Kreise daraus ausschneiden. Die kleinen Kreise ebenfalls auf das Backblech legen und kühl stellen. Die Muffinform aus dem Kühlschrank nehmen und die restlichen 3 Vertiefungen mit den großen Kreisen auskleiden. Die Form wieder mit Frischhaltefolie abdecken und in den Kühlschrank stellen. Alle Teigreste zusammenkneten, 3mm dick ausrollen und dekorative Formen wie Blüten und Blätter daraus ausschneiden. Auf das Backblech legen und abgedeckt kühl stellen.

☛ **FÜR DIE FÜLLUNG:** Die Fleischwürfel mit Küchenpapier sorgfältig trocken tupfen, um überschüssige Feuchtigkeit zu entfernen. In eine mittelgroße Schüssel geben, mit 2 TL Salz und Pfeffer würzen und alles vermengen.

☛ Kartoffel, Steckrübe und Zwiebel mit einer Mandoline über separaten Schalen quer in 2 mm dicke Scheiben schneiden.

☛ **FERTIGSTELLUNG UND BACKEN:** Ein Ofengitter auf die mittlere Schiene des Ofens schieben und den Backofen auf 190 °C (Ober-/Unterhitze) vorheizen.

☛ Die Muffinform und die anderen Teigstücke aus dem Kühlschrank nehmen. Die Fleischwürfel gleichmäßig auf die sechs Teigböden verteilen. Die Kartoffelscheiben gleichmäßig daraufschichten und leicht andrücken. Dann Steckrübenscheiben und anschließend Zwiebelscheiben darauf verteilen. Die Pasteten mit dem restlichen Salz würzen. Die Butterwürfel gleichmäßig auf den Zwiebelscheiben verteilen.

☛ Die kleinen Teigkreise auf die Pastetchen legen und leicht andrücken. Die Ränder zusammendrücken, nach oben biegen und in kleinen, regelmäßigen Abständen einschlagen, sodass ein gefältelter Rand entsteht.

☛ Das Ei verquirlen und die Teigdeckel damit bestreichen. Mit einem Messer 2 kleine Schlitze in die Teigdeckel stechen. Die Teigdekorationen darauflegen, solange das Ei noch feucht ist, und ebenfalls mit Ei bestreichen.

☛ Die Pastetchen im vorgeheizten Ofen etwa 40 Minuten backen, bis die Teigdeckel schön gebräunt sind. Dabei die Form nach 30 Minuten drehen. Die Pastetchen aus dem Ofen nehmen und 10 Minuten abkühlen lassen, dann aus der Form lösen. Vor dem Servieren weitere 20 Minuten abkühlen lassen.

Tanzetikette

ERSTER HERR:
Miss Bridgerton, würden Sie mir Ihren nächsten Tanz schenken?

ZWEITER HERR:
Oder möchten Sie vielleicht etwas frische Limonade? Sie wirken ausgetrocknet.

PENELOPE:
So, sieht sie etwas welk aus?

ZWEITER HERR:
Oder Punsch, wenn Sie mögen.

PENELOPE:
Übrigens, das war ein Wortwitz.

ELOISE:
Verzeihung, werte Herren, es tut mir leid. Meine Tanzkarte ist leider voll.

PENELOPE:
Lord Byron? Wellington? Eloise, diese Namen sind falsch!

ELOISE:
Ich befolge nur die Ratschläge meiner Schwester. Sie hat mir eingeschärft, wie wichtig es ist, dass sich auf der Tanzkarte einer Dame nur die richtigen Herren befinden.

Für alle, die kein Takt- und Rhythmusgefühl besitzen, kann Tanzen im Beisein von anderen eine quälende Herausforderung sein. Stellen Sie sich nun noch vor, geneigte Leserschaft, dass Ihre Heiratsaussichten – und damit auch Ihre Hoffnungen auf eine unbeschwerte Zukunft – davon abhängen, wie anmutig Sie eine Quadrille auszuführen in der Lage sind. Es steht also viel auf dem Spiel, sodass selbst der erste Ton

Der Featherington-Ball

TANZORDNUNG

—

SCOTCH REEL

COUNTRY-TANZ

COTILLION

QUADRILLE

WALZER

einer Geige für reichlich Nervosität sorgen kann. Die jungen Damen und Herren der feinen Londoner Gesellschaft nehmen die Gesellschaftstänze folglich sehr ernst.

So hat auch Miss Sharma sehr viel daran gesetzt, ihrer Schwester Edwina Cotillion, Quadrille und Walzer beizubringen. Schließlich weiß sie, dass kein Gentleman eine junge Dame mit zwei linken Füßen als Heiratskandidatin in Betracht ziehen würde.

Das Erlernen der Schrittfolge der angesagtesten Tänze ist aber nicht alles: Wie bei allem, das mit dem Heiratsmarkt zu tun hat, gibt es strenge Regeln, wie sich die Lords und Ladys beim Tanz zu verhalten haben.

1.

Wenn Sie einen Ball veranstalten, wird erwartet, dass Sie Tanzkarten mit kleinen Stiften für Ihre Gäste auf einem Tisch am Eingang bereitlegen, die sich die weiblichen Gäste beim Eintreffen am Handgelenk befestigen können. Auf den Karten sollten alle für den Abend geplanten Tänze in der richtigen Reihenfolge aufgelistet sein. Wenn ein Gentleman eine bestimmte Dame ins Auge gefasst hat, bittet er sie um die Ehre des einen oder anderen Tanzes. Dann trägt er, sofern die Gunst gewährt wird, seinen Namen neben dem Tanz ein, um ihn zu reservieren. Einen Tanz abzulehnen, gilt als unhöflich, es sei denn, die Dame hat den ganzen Abend nicht vor zu tanzen.

2.

Debütantinnen sollten nicht mehr als zweimal hintereinander mit demselben Herrn tanzen. Es sei denn, beide scheren sich nicht um Getuschel über eine wohl bevorstehende Verlobung. „Hast du wirklich mit Daphne Bridgerton getanzt? Zweimal?“, fragt Will seinen Freund, den Herzog von Hastings. Will ist zu Recht schockiert, dass der Herzog so viel Zeit einer jungen Dame beansprucht, wenn er nicht die Absicht hat, sie zu ehelichen.

3.

Der Walzer gilt als der intimste Tanz überhaupt, weshalb eine Dame ihren Walzerpartner sorgfältig auswählen sollte. Abgesehen von besonderen Umständen (z.B., wenn sie von einem Prinzen aufgefordert wird) sollte eine Dame nur mit einem Herrn Walzer tanzen, den sie gut kennt.

LAMMKOTELETTS
mit Granatapfel-Relish

Für 12 Stück

12 kleine Lammkoteletts, Knochen freigelegt (ca. 1 kg) (siehe Hinweis)
4 EL natives Olivenöl extra
3 Knoblauchzehen, zerdrückt
150 g Granatapfelkerne
1 kleine Schalotte, fein gehackt
1 EL Rotweinessig
½ TL Zucker
¼ TL zerdrückte rote Chiliflocken
Meersalz und frisch gemahlener schwarzer Pfeffer
6 große Minzblätter

Einigen Expertenmeinungen zufolge war die verbotene Frucht, mit der die Schlange Eva verführte, kein gewöhnlicher Apfel, sondern ein Granatapfel – was in jedem Fall verlockender gewesen sein musste. Wer käme schließlich auf den Gedanken, sich für etwas so Banales wie einen Apfel aus dem Paradies vertreiben zu lassen.

Verführerisch ist auch dieses Relish mit rubinrot funkelnden Granatapfelkernen, das zu saftigen gegrillten Lammkoteletts gereicht wird und für ein überraschendes, brillant aromatisches Feuerwerk sorgt. Glücklicherweise wird man für den Genuss dieses köstlichen Gerichts nirgendwo vertrieben.

Hinweis: Die Knochen werden hier freigelegt, damit die Koteletts besser von Hand gehalten und verzehrt werden können. Sie können auch Ihren Metzger darum bitten, diesen Schritt für Sie zu übernehmen.

☞ Die Lammkoteletts waschen, trocken tupfen und in eine große ofenfeste Form geben. 2 EL Olivenöl und Knoblauch vermischen und die Koteletts damit rundum einstreichen. Etwa 20 Minuten bei Zimmertemperatur ziehen lassen.

☞ In der Zwischenzeit Granatapfelkerne, Schalotte, Rotweinessig, restliches Olivenöl, Zucker, Chiliflocken und eine große Prise Salz in einer Schüssel vermengen.

☞ Eine gusseiserne Grillpfanne stark erhitzen oder einen Holzkohle- oder Gasgrill anheizen.

☞ Die Lammkoteletts mit Salz und Pfeffer würzen. Nacheinander etwa 2 Minuten grillen, bis sich Grillstreifen zeigen. Die Lammkoteletts wenden und weitere 2–3 Minuten grillen.

☞ Die Lammkoteletts auf eine Servierplatte legen und 5 Minuten ruhen lassen. Die Minzblätter waschen, trocken tupfen, grob hacken und unter das Granatapfel-Relish ziehen. Das Relish entweder separat dazureichen oder vor dem Servieren auf den Lammkoteletts anrichten.

GERÖSTETER KÜRBIS

mit Portwein-Kirsch-Sauce

Für 6 Portionen

2 EL kalte Butter
½ kleine rote Zwiebel, fein gehackt
Meersalz und frisch gemahlener schwarzer Pfeffer
350 g Kirschen, entstielt, halbiert und entsteint
⅛ TL gemahlener Piment
120 ml Ruby-Portwein
80 ml Rotweinessig
80 g Honig
2 mittelgroße Delicata-Kürbisse (à ca. 350 g)
1 kleiner Eichelkürbis (ca. 500 g)
2 EL natives Olivenöl extra
Petersilienblätter zum Garnieren

Jede abendliche Tafel braucht ein gesundes Gemüsegericht, vor allem, wenn von Ihnen erwartet wird, dass Sie sich nach dem Essen im Dreivierteltakt bewegen. Diese köstlichen Kürbisse sind die perfekte Kost für einen Ballabend: herzhaft und sättigend, aber nicht zu schwer, sodass Sie weiterhin vergnügt durch den Ballsaal schweben können.

☞ **FÜR DIE SAUCE:** In einem mittelgroßen Topf 1 EL Butter bei mittlerer Hitze zerlassen. Die Zwiebel darin mit etwas Salz und Pfeffer etwa 5 Minuten unter gelegentlichem Rühren andünsten. Die Hitze etwas erhöhen, die Kirschen hinzufügen und 5 Minuten unter gelegentlichem Rühren garen, bis sie weich werden und Saft abgeben. Den Piment unterrühren, dann Portwein und Rotweinessig dazugießen. Etwa 15 Minuten unter gelegentlichem Rühren köcheln lassen, bis die Mischung auf ein Drittel reduziert ist. Den Herd ausschalten, dann 3 EL Honig und die restliche Butter unterrühren, bis beides geschmolzen und die Sauce glatt ist. In eine mittelgroße Schüssel füllen und abkühlen lassen. Die Sauce dickt dabei noch weiter ein.

☞ **FÜR DEN KÜRBIS:** Ein Backblech mit Backpapier belegen, auf die unterste Schiene des Backofens schieben und den Backofen auf 230 °C (Ober-/Unterhitze) vorheizen.

☞ Die Stiele der Kürbisse entfernen. Die Kürbisse waschen, trocken tupfen, längs halbieren und die Kerne mit einem Löffel herausschaben. Die Delicata-Kürbishälften quer in 2 cm dicke Scheiben schneiden. Den Eichelkürbis längs in 2,5 cm dicke Spalten schneiden. Die Kürbisstücke in eine große Schüssel geben. Mit dem Olivenöl beträufeln, großzügig mit Salz und Pfeffer würzen und vermengen. Den Kürbis in einer Schicht auf dem heißen Backblech verteilen.

Fortsetzung nächste Seite

☛ Den Kürbis etwa 20 Minuten im Ofen garen, bis die Unterseite teilweise gebräunt ist. Die Kürbisstücke vorsichtig wenden. Weitere 10–15 Minuten im Ofen garen, bis der Kürbis gebräunt und sehr weich ist.

☛ Die Kürbisstücke 10 Minuten auf dem heißen Backblech abkühlen lassen. Dabei werden sie etwas fester und lassen sich besser vom Blech heben, ohne zu zerbrechen. Den restlichen Honig unter die abgekühlte Sauce rühren und mit Salz und Pfeffer abschmecken.

☛ Die Kürbisstücke auf einer Servierplatte anrichten. Mit etwas Sauce beträufeln und mit Petersilie garnieren. Sofort servieren. Die restliche Sauce separat dazureichen.

ETON MESS MIT EXOTISCHEN FRÜCHTEN

Für 8 Portionen

3 zimmerwarme Eiweiß
½ TL Kokosaroma
¼ TL Meersalz
⅛ TL Weinsteinbackpulver
130 g feinster Backzucker, plus 75 g
350 g Kiwi, fein gewürfelt
350 g Papaya, fein gewürfelt
150–170 g Fruchtfleisch von 1 Passionsfrucht
500 g kalte Sahne

Als ihr Koch Portia Featherington ein Dessert mit der Bezeichnung *mess* (Durcheinander, Chaos) präsentierte, war sie drauf und dran, ihn auf der Stelle zu feuern. Nachdem sie aber einen Löffel der Süßspeise aus Baisers, Sahne und Früchten probiert hatte, erkannte sie ihren Irrtum – den sie natürlich niemals zugegeben hätte. Sie lächelte lediglich und genoss einen weiteren Löffel.

Hinweis: Wenn es einmal schneller gehen muss, können Sie auch kleine gekaufte Meringen verwenden. Das Dessert kann auch als Einzelportionen in 12–16 Dessertgläsern angerichtet und serviert werden.

☛ Den Backofen auf 95 °C (Ober-/Unterhitze) vorheizen. Ein Backblech mit Backpapier belegen.

☛ Eiweiße, Kokosaroma, Salz und Weinsteinbackpulver in der Schüssel der Küchenmaschine mit den Rührbesen etwa 3 Minuten schaumig rühren. Die Geschwindigkeit leicht erhöhen und 130 g Zucker nach und nach einarbeiten: ½ EL hinzufügen und 15–20 Sekunden zwischen jeder Zugabe rühren. Die Masse von der Schüsselwand nach unten schaben, dann auf mittlerer bis hoher Stufe weitere 2 Minuten rühren, bis der Zucker sich vollständig aufgelöst hat und die Masse fest und glänzend ist. Zur Probe etwas Baisermasse zwischen den Fingern verreiben: Es sollten keine Zuckerkristalle mehr zu spüren sein. Bei Bedarf kurz weiterrühren und eine weitere Probe nehmen.

☛ Die Baisermasse in einen großen Spritzbeutel mit großer Loch- oder Sterntülle füllen. Damit das Backpapier flach liegen bleibt, wenn die Meringen aufgespritzt werden, je einen kleinen Tupfen in die Ecken auf das Backblech spritzen und das Backpapier andrücken. Die Baisermasse nun in 4× 4 cm großen Tupfen daraufspritzen. (Die Masse sollte etwa 32Baisers ergeben.)

Fortsetzung nächste Seite

☛ Die Tupfen können relativ dicht nebeneinander gesetzt werden, da sie im Ofen nicht mehr aufgehen. Außerdem müssen sie nicht perfekt geformt sein, da sie für das Dessert ohnehin zerkleinert werden. Die Meringen im vorgeheizten Ofen 3 Stunden trocknen lassen. Den Ofen ausschalten und die Meringen darin etwa 2 Stunden erkalten lassen. Sie sollten vollständig durchgetrocknet sein und sich leicht vom Backpapier lösen. In einem luftdicht verschließbarem Behälter halten sich die Baisers mehrere Wochen. (Achtung: Wenn sie zu lange der Luft ausgesetzt sind, ziehen sie Feuchtigkeit und weichen auf.)

☛ Kiwi-, Papayawürfel, Passionsfruchtfleisch und 2 EL des restlichen Zuckers in einer Schüssel sorgfältig vermengen, bis der Zucker aufgelöst ist. Etwa 10 Minuten ziehen lassen. In der Zwischenzeit in der Schüssel der Küchenmaschine die Sahne mit dem restlichen Zucker steif schlagen.

☛ Die Baisers mit einem Messer jeweils in 4–6 Stücke schneiden (es ist in Ordnung, wenn einige Stücke zerbröseln).

☛ Je 3 EL Schlagsahne, 2 gehäufte EL Fruchtsalat und eine kleine Handvoll Meringen in 8 Dessertschalen oder -gläser schichten. Die Schichtung wiederholen. Mit etwas Schlagsahne und einigen Fruchtwürfel garnieren. Sofort servieren.

Macaronpyramide

In den Jahren nach der Revolution von 1789 gelangten viele französische Köche auf der Flucht vor der Guillotine nach England. Die besten fanden rasch eine Anstellung in englischen Adelshäusern. Prinzregent Georg, der spätere König Georg IV., ließ es sich eine üppige Summe kosten, um in den Genuss der Kochkünste des berühmten Marie Antoine Carême zu kommen. Carême weilte mehrere Monate in der Londoner Residenz des Prinzen, in Carlton House.

Das sicherste Zeichen für das Engagement eines französischen Pâtissiers war, wenn Gäste mit einem Tablett mit französischem Konfekt begrüßt wurden. Besonderer Beliebtheit erfreuten sich Macarons, die nicht ganz einfach in der Zubereitung sind, weshalb wir allen, die über *keinen* französischen Pâtissier verfügen, empfehlen, das Feingebäck zu kaufen.

Aber auch gekaufte Macarons sollten stilvoll präsentiert werden. Sollten Ihre Gäste beim Anblick dieses kunstvollen Arrangements vermuten, dass Sie einen Pâtissier in Diensten haben, brauchen Sie sie ja nicht zu korrigieren.

Sie benötigen:

- Teigrolle
- Puderzucker
- Fondant (im gut sortierten Supermarkt)
- Styroporkegel (Bastel-, Dekogeschäft, Baumarkt; Größe nach Wahl)
- Maissirup
- Backpinsel
- Baiserpulver (Eiweißpulver oder Meringe Powder; im Fachhandel oder Internet)
- Macarons

1.

Arbeitsfläche und Teigrolle mit Puderzucker bestäuben. Den Fondant zu einem dünnen Rechteck ausrollen, dessen Seitenlängen der Höhe und dem Umfang des Kegels entsprechen. Die Fondantplatte dünn mit Maissirup bestreichen. Den Kegel an einer Kante auf die Fondantplatte legen und leicht andrücken. Den Kegel rollen und mit dem Fondant umhüllen. Überstehenden Fondant mit einem scharfen, kleinen Messer abtrennen. Die Nähte glätten. Den eingehüllten Kegel auf eine Servierplatte setzen. (Nach Belieben auch

den Boden des Kegels mit Maissirup bestreichen, damit er nicht verrutscht.)

2.

Für den „Klebstoff" zum Befestigen der Macarons 450 g Puderzucker und 2 EL Baiserpulver in einer großen Schüssel mischen. Mit einem Handrührgerät 75ml Wasser zunächst auf niedriger, dann auf mittlerer bis hoher Stufe einarbeiten. Etwa 2 Minuten rühren, bis eine glänzende, dickflüssige Masse entstanden ist. Bei Bedarf bis zu 1 EL Wasser zusätzlich einarbeiten. (Nach Belieben die Masse mit einigen Tropfen Lebensmittelfarbe in der Farbe der Macarons einfärben.) Die Glasur in einen Spritzbeutel oder einen Plastikbeutel geben und eine kleine Öffnung in eine Beutelecke schneiden.

3.

Etwas Glasur auf den Rand der Macarons spritzen und die Macarons nebeneinander leicht gegen den Kegel drücken. Dabei rundum von unten nach oben arbeiten und mit den Abständen zwischen den Macarons spielen, um sicherzustellen, dass die Abstände zwischen den Macarons möglichst klein und gleichmäßig sind. Wenn die Macarons nicht gut haften, zwischen der nächsten Runde einige Minuten warten, um die Glasur antrocknen zu lassen.

4.

Die Macaronpyramide mit einem flach auf die Kegelspitze gelegten Macaron abschließen.

PROFITEROLES

mit Vanille-Pfefferbeer-Creme und Champagner-Erdbeeren

Für etwa 60 Stück

VANILLE-PFEFFERBEER-CREME

360 ml Milch
360 g Sahne
130 g Zucker
½ TL Meersalz
40 g Speisestärke
5 zimmerwarme Eigelb
2 TL Vanilleextrakt
2 ½ EL kalte Butter, klein gewürfelt
1 EL rosa Pfefferbeeren, leicht zerdrückt

BRANDTEIG

120 ml Milch
110 g Butter, in 8–10 Stücke geschnitten, plus 2 EL
1 ½ TL Zucker
¼ TL Meersalz
175 g Weizenmehl (Type 405)
5 zimmerwarme Eier (Größe L)

Wenn Sie beobachten, dass Ihre Gäste lieber am Desserttisch verweilen, statt das Tanzbein zu schwingen oder mit potenziellen Verehrern zu plaudern, liegt es nicht unbedingt daran, dass es sich um hoffnungslose Mauerblümchen handelt. Vielleicht begeistern sie sich vor allem für diese köstlichen Windbeutel mit ihrer fruchtig-cremigen Füllung. Welcher Galan könnte es schon mit einem köstlichen Profiterole wie diesem aufnehmen?

***Hinweis:** Die Zutaten ergeben eine recht große Teigmenge. Wenn Sie nicht den ganzen Teig verarbeiten wollen, können Sie ihn luftdicht verpackt bis zu 3 Tage im Kühlschrank oder bis zu 3 Monate im Tiefkühlfach aufheben. Den gefrorenen Teig über Nacht im Kühlschrank auftauen lassen, in einen Spritzbeutel füllen und wie unten beschrieben verarbeiten.*

☞ **FÜR DIE CREME:** Milch, 240 g Sahne, 70 g Zucker und Salz einem mittelgroßen Topf verrühren und unter gelegentlichem Rühren etwa 10 Minuten sanft erhitzen, bis der Zucker vollständig aufgelöst ist. Den Topf vom Herd nehmen. Ein großes Haarsieb auf eine große Schüssel setzen.

☞ Speisestärke, Eigelbe und restlichen Zucker in einer großen Schüssel glatt verrühren. Zunächst etwa 120 ml warme Milchmischung in einem dünnen Strahl unter Rühren dazugießen, dann die restliche Milchmischung nach und nach einarbeiten.

☞ Die Mischung wieder in den Topf füllen und bei mittlerer Hitze etwa 20 Minuten rühren, bis die Masse stark eingedickt ist. Dabei darauf achten, dass die Masse nicht anbrennt. Bei Bedarf die Hitze reduzieren. Vom Herd nehmen und Vanilleextrakt und Butter unterrühren, bis eine glatte und glänzende Creme entstanden ist.

Fortsetzung nächste Seite

CHAMPAGNER-ERDBEEREN
250 g kleine Erdbeeren, geputzt und in feine Scheiben geschnitten (Scheiben halbieren, wenn die Erdbeeren größer sind)
60 ml Champagner
2 EL Zucker

ROSA ERDBEERZUCKER
30 g Puderzucker
15 g gefriergetrocknete Erdbeeren

☞ Die Creme durch das Haarsieb in die Schüssel streichen. Die Pfefferbeeren unterrühren. Die Creme mit Frischhaltefolie abdecken, damit sich keine Haut bildet. 30 Minuten abkühlen lassen, dann mindestens 2 Stunden oder über Nacht in den Kühlschrank stellen.

☞ Die restliche Sahne steif schlagen. Die Creme aus dem Kühlschrank nehmen und glatt rühren. Die Schlagsahne portionsweise mit einem Teigschaber unterziehen, dann rühren, bis die Creme wieder glatt ist. In einen Spritzbeutel mit Sterntülle füllen und bis zur Verwendung im Kühlschrank lagern.

☞ **FÜR DEN BRANDTEIG:** Den Backofen auf 220 °C (Ober-/Unterhitze) vorheizen. Zwei Backbleche mit Backpapier belegen.

☞ 175 ml Wasser, Milch, Butter, Zucker und Salz in einem mittelgroßen Topf mischen und bei mittlerer Hitze 5–8 Minuten unter gelegentlichem Rühren erhitzen, bis die Butter geschmolzen ist und die Milch aufwallt. Den Topf vom Herd nehmen. Das Mehl unterarbeiten und mit einem Teigschaber oder Kochlöffel kräftig rühren, bis eine glatte Masse entstanden ist. Zum Abbrennen den Topf wieder auf den Herd setzen und den Teig bei mittlerer Hitze 3 Minuten kräftig rühren, bis sich ein dünner weißer Film am Topfboden gebildet hat.

☞ Den Teig in eine große Schüssel füllen und 10 Minuten abkühlen lassen, dabei gelegentlich umrühren, damit er etwas ausdampft. Die Eier in einem Messbecher verquirlen. In 5 Portionen mit einem Handrührgerät auf mittlerer Stufe sorgfältig in den Teig einarbeiten. Dabei den Teig gelegentlich von der Schüsselwand nach unten schaben. Der Teig sollte glatt und glänzend sein und eine pastöse Konsistenz haben.

☞ Die Hälfte des Teigs in einen Spritzbeutel mit Lochtülle (13 mm Durchmesser) füllen. Das Backpapier mit je einem kleinen Tupfen Teig auf den Blechen fixieren, damit sie nicht verrutschen, wenn der Teig aufgespritzt wird. In einer Auf- und Abbewegung (nicht kreisend) etwa 30 kleine Windbeutel (3 cm × 2,5 cm) auf ein Blech spritzen. Mit befeuchteten Fingern kleine Teigspitzen formen. Den restlichen Teig in den Spritzbeutel füllen und weitere 30 Windbeutel auf das zweite Blech spritzen.

☛ Beide Backbleche in den vorgeheizten Ofen schieben und die Windbeutel 15 Minuten backen. Die Ofentemperatur auf 190 °C (Ober-/Unterhitze) reduzieren und die Windbeutel weitere 15–20 Minuten backen, bis sie schön aufgegangen, gebräunt und knusprig sind. Aus dem Ofen nehmen und mit einem kleinen spitzen Messer seitlich kleine Schlitze einstechen, damit der Dampf entweichen kann und die Windbeutel nicht aufweichen. Die Windbeutel im ausgeschalteten Ofen bei leicht geöffneter Ofentür 30 Minuten abkühlen lassen. Auf ein Kuchengitter setzen und vollständig auskühlen lassen.

☛ **FÜR DIE CHAMPAGNER-ERDBEEREN:** Erdbeeren, Champagner und Zucker in einer Schüssel vorsichtig vermengen und unter gelegentlichem Rühren etwa 15 Minuten ziehen lassen, bis der Zucker aufgelöst ist und die Beeren Saft abgeben.

☛ **FÜR DEN ROSA ERDBEERZUCKER:** Den Puderzucker in eine Schüssel sieben. Die gefriergetrockneten Erdbeeren in einer Gewürzmühle zu feinem Pulver vermahlen und über den Puderzucker sieben. Sorgfältig mit dem Puderzucker mischen.

☛ **FERTIGSTELLUNG:** Die Windbeutel mit einem Messer halbieren. Die unteren Hälften mit Creme füllen. Einige Erdbeerscheiben darauf anrichten und die oberen Windbeutelhälften daraufsetzen. Mit Erdbeerzucker bestäuben und sofort servieren.

PEACH AND BOURBON SMASH

„Es gibt keine Edelsteinminen in Georgia."
—Colin Bridgerton zu Penelope Featherington

Für 1 Portion

- 5 Minzblätter, plus 1 Stängel zum Garnieren
- 3 Pfirsichscheiben
- ½ Zitrone, geviertelt
- 30 ml Orangenlikör (z. B. Cointreau oder Triple Sec)
- 7 ml Läuterzucker (Seite 62, nach Belieben)
- 60 ml Bourbon
- Eiswürfel (nach Bedarf)

Der neue Lord Featherington mag ein Betrüger sein – seine „amerikanischen Rubine" waren schließlich nichts anderes als täuschend echte Fälschungen, wie jeder, der schon einmal in der ehemaligen englischen Kolonie zu Gast war, gewusst hätte. Während seiner Zeit in den Vereinigten Staaten dürfte er auch zwei anderen, echten Schätzen begegnet sein: Bourbon aus Kentucky und Pfirsiche aus Georgia, die in diesem Cocktail eine himmlische Beziehung eingehen und so den Ärger darüber, vom jungen Ersatz-Lord übers Ohr gehauen worden zu sein, etwas abschwächen.

☞ Minzblätter waschen und trocken tupfen. Dann mit 2 Pfirsichscheiben, Zitronenvierteln, Orangenlikör und Läuterzucker (nach Belieben) in einen Cocktailshaker geben und zerdrücken. Den Bourbon hinzufügen und den Shaker mit Eis füllen. Kräftig schütteln. Die Mischung in ein Old-Fashioned-Glas mit Eis abseihen. Die restliche Pfirsichscheibe einschneiden und auf den Glasrand stecken. Mit dem Minzstängel garnieren und sofort servieren.

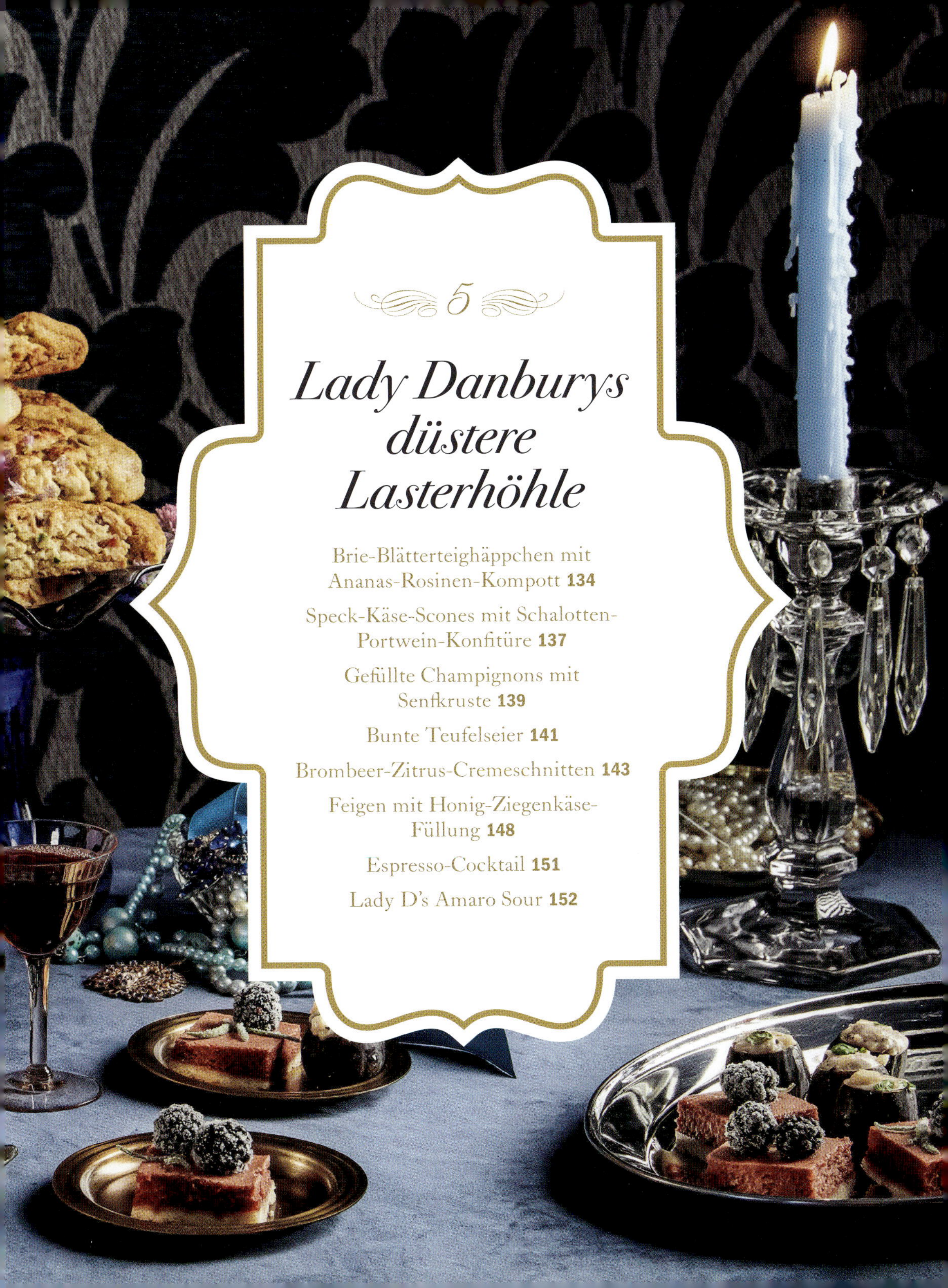

5

Lady Danburys düstere Lasterhöhle

„Wenn ich sehe, wie Sie sich amüsieren, glaube ich, Sie sind die Gewinnerin, Lady Danbury."

—Daphne Bridgerton

Für die Herren der High Society sind ihre Clubs beliebte Rückzugsorte, wo sie ihr vermeintliches Monopol in Anspruch nehmen und sich an Tabak, edlen Spirituosen und Glücksspiel erfreuen. Sie kämen wohl kaum auf den Gedanken, dass verheiratete und verwitwete Damen der Londoner Gesellschaft ähnlichem Vergnügen nachgehen. Hinter verschlossenen Türen begrüßt Lady Danbury vornehme Damen zu einer Soirée der besonderen Art, wo ganz untugendhaft geraucht, getrunken, gespielt und laut gelacht werden darf. Oder, wie Lady Trowbridge es Daphne bei ihrem ersten Besuch in der „Lasterhöhle" so trefflich erklärt: „Erst legt eine Frau ihr Ehegelübde ab, dann berauben wir Spielerinnen sie ihrer Tugend."

Wenn Sie selbst einen vergnüglichen Spieleabend planen, bestimmen Sie natürlich auch die Spielregeln. So können Sie eine Kleiderordnung vorgeben oder Sie arrangieren ein paar große Kissen und Decken auf den Boden, damit sich Ihre Gäste bequem ausstrecken und die Erfrischungen entspannt genießen können. Beschränken Sie Ihre Soirée nicht nur auf Verheiratete – schließlich haben alle Spaß an einem Abend, an dem sie dem ein oder anderem Laster nachgehen dürfen.

EINLADUNG ZUM

Spieleabend

Wetten Sie gern und riskieren mehr oder weniger große Einsätze? Oder ziehen Sie ein spannendes Spiel stundenlangem Smalltalk vor? Dann ist ein von der unvergleichlichen Lady Danbury inspirierter Spieleabend genau das Richtige für Sie! Laden Sie Menschen ein, die Nervenkitzel und das Risiko lieben (Sie kennen Ihren Freundeskreis ja), bieten Sie verschiedene Spiele an (man weiß nie, welches am besten ankommt) und reichen dazu köstliche Speisen und Getränke, um Ihre Gäste bei Laune zu halten.

DEKORATION

Ein Spielabend ist nichts für zarte Pastelltöne und Debütantinnenweiß. Wenn ein Gast nach einer Karte greift oder im Eifer des Spiels aufspringt oder auf den Tisch schlägt und dabei ein Glas Rotwein umstößt, sollte Ihre Tischwäsche nicht darunter leiden müssen. Greifen Sie deshalb zu schweren dunklen Stoffen wie grünen Filz oder weinroten Samt, die für eine stimmungsvolle Spielatmosphäre sorgen. Die Beleuchtung sollte gedämpft und angenehm sein, mit Schreibtischlampen oder LED-Leuchten an jeder Spielstation, um das Geschehen spotartig zu beleuchten. Legen Sie stilvolle Kartendecks, Pokerchips und Kopien des Regelwerks für jedes angebotene Spiel bereit. Stellen Sie auch ein altes Schach- oder Backgammonbrett und Würfelbecher auf, um Zweierpartien zu fördern. Der Mittelpunkt aber bildet ein Büffet mit vielen Kerzen, einem Strauß, beispielsweise aus purpurroten Rosen und schwarzen Dahlien, sowie Schalen mit Obst wie Kakis und Trauben.

ESSEN + TRINKEN

Da Ihre Gäste eine Hand zum Würfel oder Halten von Spielkarten benötigen, bleibt für Essen und Getränke nur die andere übrig – nehmen Sie den Begriff „Fingerfood“ also ganz wörtlich. Sparen Sie sich alles, was nicht bequem in einer Hand gehalten und zum Mund geführt werden kann, für eine andere Gelegenheit auf und servieren Sie ungewöhnliche Snacks wie Teufelseier (Seite 141), gefüllte Feigen (Seite 148) und gefüllte Champignons (Seite 139). Zusammen mit dem ein oder anderen Espresso-Cocktail werden diese delikaten Häppchen Ihre Gäste lange bei Laune halten.

Wetten war ein beliebter Zeitvertreib in der englischen Oberschicht der Regency-Ära – und nicht selten verspielte ein Gentleman dabei sein ganzes Vermögen in einem Club. Wenn Sie einen niedrigen Betrag für Spielchips festlegen (25 Cent, 50 Cent oder 1 Euro), können Ihre Gäste die ganze Nacht durchspielen, ohne befürchten zu müssen, Haus und Hof zu verlieren.

BRIE-BLÄTTERTEIG-HÄPPCHEN

mit Ananas-Rosinen-Kompott

Für 12 Stück

30 g Rosinen (oder Korinthen)
2 EL heller Rum
350 g Fruchtfleisch von 1 vollreifen Ananas, klein gewürfelt
1 EL Black Treacle (dunkler Zuckersirup, siehe Hinweis, Seite 151)
Meersalz
120 g Brie
Butter zum Einfetten
Weizenmehl (Type 405) für die Arbeitsfläche
200 g TK-Blätterteig, nach Packungsanweisung aufgetaut
1 Ei

Außerdem: 12er-Muffinform

Kaum eine Frucht regt die Fantasie so an wie die Ananas. In Mayfair signalisiert eine prächtige Ananas als Prunkstück auf einer Tafel den Gästen auf den ersten Blick, dass der oder Gastgeber oder die Gastgeberin mit Geld und Möglichkeiten gesegnet ist. Besonders wohlhabende Aficionados der Südfrucht betreiben auf ihren Landgütern sogar eigene *pineries*, Gewächshäuser speziell für die Zucht von Ananas.

Für Lady Danbury ist die Beschaffung von Ananasfrüchten kein Problem, und mit diesem köstlichen käsegefüllten Blätterteighäppchen gibt sie ihren Gästen auf subtile Weise zu verstehen, dass ihr keine Zutat zu kostspielig ist.

☞ Rosinen und Rum in einer Schale mischen und 30Minuten bei Zimmertemperatur ziehen lassen.

☞ Ananas und Black Treacle in einem mittelgroßen Topf mit etwas Salz und etwas Wasser mischen. Bei mittlerer Hitze unter gelegentlichem Rühren zum Kochen bringen. Dann die Hitze reduzieren, sodass die Masse leicht köchelt. Alles etwa 10 Minuten garen, bis die Ananasstücke weich sind. Etwa die Hälfte davon in eine Schüssel füllen und beiseitestellen. Die Rosinen-Rum-Mischung unter die restlichen Ananasstücke im Topf mischen und etwa 10 Minuten mitgaren, bis fast alle Flüssigkeit verdampft ist. Unter die Ananasstücke in der Schüssel rühren und abkühlen lassen. Das Kompott dickt dabei weiter ein.

☞ Den Brie in 12 Würfel (3 × 3 cm) schneiden. Restlichen Brie ebenfalls in 12 gleich große Stücke schneiden und auf den Würfeln verteilen. Auf einen großen Teller geben und bis zur Weiterverarbeitung in den Kühlschrank stellen.

☞ Eine 12er-Muffinform großzügig mit Butter einfetten. Das Ei in einer Tasse mit etwas Wasser verquirlen.

☛ Eine Arbeitsfläche leicht mit Mehl bestäuben. Den Blätterteig zu einem Quadrat (24 × 24 cm) ausrollen und in 3gleich breite Streifen schneiden. Die Streifen quer in 4 gleich große Stücke teilen (es sollten 12 Rechtecke entstehen).

☛ Die Teigrechtecke leicht in die Vertiefungen der Muffinform drücken. Je 1 Stück Brie daraufsetzen und je 1 TL Ananas-Rosinen-Kompott (möglichst ohne Saft) darauf verteilen. Den freiliegenden Blätterteig mit etwas Ei bestreichen und die 4 Ecken über der Füllung zusammendrücken, sodass sie geschlossen sind, dazwischen aber noch Füllung zu sehen ist. Die Häppchen 20 Minuten im Kühlschrank ruhen lassen.

☛ In der Zwischenzeit den Backofen auf 200 °C (Ober-/Unterhitze) vorheizen.

☛ Den Blätterteig noch einmal mit Ei bestreichen und im vorgeheizten Ofen 20 Minuten backen. Die Muffinform drehen. Die Ofentemperatur auf 175 °C (Ober-/Unterhitze) reduzieren und die Häppchen weitere 5–10 Minuten backen, bis sie schön gebräunt sind.

☛ Die Häppchen aus dem Ofen nehmen und 5 Minuten auf einem Kuchengitter abkühlen lassen. Dann mit einem kleinen Spatel oder Buttermesser aus den Vertiefungen lösen und auf einer Servierplatte anrichten. Am besten warm servieren.

SPECK-KÄSE-SCONES

mit Schalotten-Portwein-Konfitüre

Für 24 Stück

8 Scheiben Frühstücksspeck
420 g Weizenmehl (Type 405), plus etwas für die Arbeitsfläche
1 ½ EL Backpulver
2 EL Zucker
2 ½ TL Meersalz
85 g kalte Butter, gewürfelt
85 g Stilton-Käse (oder anderer sehr kräftiger Blauschimmelkäse), in große Stücke zerbrochen
25 g Schnittlauch, in Röllchen geschnitten
400 g kalte Sahne, plus etwas zum Bestreichen
Schalotten-Portwein-Konfitüre, zum Servieren (Seite 138; siehe auch Hinweis)

Diese handlichen Scones sind ein perfekter Leckerbissen für alle, die guten englischen Käse zu schätzen wissen. Die Etikette schreibt vor, dass Scones nur mit den Händen in zwei Hälften gerissen und nicht mit einem Messer durchgeschnitten werden, damit die luftige Krume nicht zerdrückt und pappig wird.

Hinweis: Die selbst gemachte Konfitüre kann durch Zwiebelconfit oder Feigensenf aus dem Glas ersetzt werden.

☞ Den Backofen auf 190 °C (Ober-/Unterhitze) vorheizen. Ein Backblech mit Alufolie und ein zweites mit Backpapier belegen. Einen großen Teller mit einigen Lagen Küchenpapier auslegen.

☞ Die Speckscheiben nebeneinander auf das Backblech mit Alufolie legen und im vorgeheizten Ofen etwa 25 Minuten braten. Auf einen Teller legen, abtropfen und abkühlen lassen. Den Speck grob hacken.

☞ Mehl, Backpulver, Zucker und Salz in einer großen Schüssel mischen. Die Butter mit den Fingern hineinreiben, bis eine krümelige Masse entstanden ist. Käse, Schnittlauch und Speck von Hand untermischen, bis sie mit der Mehl mischung überzogen sind. Die Sahne in 3 Portionen über die Masse träufeln und jeweils kurz mit der Hand einarbeiten, bis ein grober Teig entstanden ist. Den Teig nicht zu lang bearbeiten, sonst werden die Scones nicht fluffig.

☞ Eine Arbeitsfläche leicht mit Mehl bestäuben. Den Teig halbieren und zu 2 cm dicken runden Scheiben (15 cm Durchmesser) ausrollen. Mit einem großen Messer oder einer Teigkarte jeweils in 12 gleich große Stücke teilen (insgesamt 24 Scones). Auf das Backblech mit Backpapier setzen und 20Minuten im Kühlschrank ruhen lassen.

Fortsetzung nächste Seite

☞ In der Zwischenzeit den Backofen auf 220 °C (Ober-/Unterhitze) vorheizen.

☞ Die Scones mit Sahne bestreichen und im vorgeheizten Ofen etwa 20 Minuten backen, bis sie schön aufgegangen und gebräunt sind. Das Backblech nach 10Minuten drehen. Die Scones herausnehmen, 10 Minuten auf dem Backblech abkühlen lassen, dann auf einer Servierplatte anrichten und warm mit der Konfitüre servieren.

MR. FINCH:
Oh, was für ein zauberhaftes Kleid! Schon beinahe der gleiche Farbton des Double Gloucester, den Ihre Mutter heute zum Tee reichte. Meine Leidenschaft ist Käse.

PHILIPPA FEATHERINGTON:
Äh, meine auch, Mr. Finch! Obwohl ich sagen muss, dass ich einen Stilton einem Cheddar vorziehe.

SCHALOTTEN-PORTWEIN-KONFITÜRE

Für ca. 170 g

1 ½ EL Butter
1 ½ EL neutrales Pflanzenöl
900 g Schalotten, in feine Ringe geschnitten
Meersalz und frisch gemahlener schwarzer Pfeffer
175 ml weißer Portwein
60 ml Weißweinessig
50 g Vollrohrzucker
1 ½ TL fein gehackte Thymianblätter

☞ Die Butter mit dem Öl In einem großen, schweren Topf bei mittlerer Hitze zerlassen, bis sie zu schäumen beginnt. Die Schalotten hinzufügen, mit Salz und Pfeffer würzen und etwa 20 Minuten unter gelegentlichem Rühren braten, bis die Schalotten weich und gebräunt sind.

☞ Portwein, 3 EL Essig und 3 EL Zucker hinzufügen. Unter Rühren den Bratensatz vom Topfboden lösen. Den Thymian hinzufügen. Die Hitze reduzieren und die Schalotten etwa 1 Stunde unter gelegentlichem Rühren garen, bis sie goldbraun, karamellisiert und konfitüreartig eingedickt sind. Wenn die Schalotten zu trocken werden, etwas Wasser einrühren. Dann den restlichen Essig, Zucker und etwas Wasser unterrühren. Alles weitergaren, bis der Zucker aufgelöst ist. Mit Salz und Pfeffer abschmecken. In eine Schale füllen. Warm oder kalt servieren.

☞ Die Konfitüre hält sich im Kühlschrank in einem luftdicht verschließbarem Schraubglas bis zu 7 Tage.

GEFÜLLTE CHAMPIGNONS

mit Senfkruste

Für 16 Stück

16 große Champignons (ca. 500 g), Stiele entfernt und beiseitegelegt
2 EL Pflanzenöl
Meersalz und frisch gemahlener schwarzer Pfeffer
120 g grobe rohe Schweinsbratwurst (britischer Art, siehe Hinweis), Mett aus der Haut gedrückt
1 kleine Schalotte, fein gehackt
½ kleine rote Paprika, fein gehackt
2 EL Sahne
40 g Panko-Brösel
60 g Emmentaler (oder kräftiger Bergkäse), gerieben
2 EL fein gehackte Petersilie
1 EL Butter
1 Knoblauchzehe, zerdrückt
¼ TL geräuchertes Paprikapulver
¼ TL Senfpulver

Beim Begriff „Fingerfood" mag man zunächst an elegante kleine Kanapees denken, die hübsch aussehen, aber kaum den Magen füllen. Diesen herzhaften Pilzhäppchen hingegen sind eher rustikaler Art, dafür aber – mit kräftigem Schweinemett, würzigem Käse und knuspriger Senfkruste – voller Aromen und durchaus sättigend.

Hinweis: Sie können jede milde Schweinswurst für die Wurst nach britischer Art verwenden.

☞ Den Backofen auf 200 °C (Ober-/Unterhitze) vorheizen.

☞ Die Pilzstiele fein hacken. Die Pilzkappen mit 1 EL Öl bestreichen und umgekehrt auf ein Backblech legen. Im vorgeheizten Ofen etwa 10 Minuten garen. Aus dem Ofen nehmen und die Flüssigkeit, die sich in den Kappen angesammelt hat, abgießen. Mit Salz und Pfeffer würzen. Den Ofen nicht ausschalten.

☞ Das restliche Öl in einer großen Pfanne erhitzen. Mett und Pilzstiele darin bei mittlerer bis starker Hitze 6–8 Minuten unter gelegentlichem Rühren anbraten, bis das Mett stellenweise gebräunt ist und die Pilze weich sind. Schalotte und Paprika untermischen. Mit Salz und Pfeffer mischen. Weitere 6–8 Minuten unter gelegentlichem Rühren garen, bis das Gemüse weich ist. Die Mischung in eine Schüssel füllen. Sahne, 15 g Panko-Brösel, Käse und 1 EL Petersilie untermischen. Mit Salz und Pfeffer abschmecken.

☞ Die Mischung in die Pilzkappen füllen und leicht andrücken. Im vorgeheizten Ofen 17–20 Minuten garen, bis der Käse geschmolzen ist.

☞ In der Zwischenzeit die Butter in einer mittelgroßen Pfanne bei mittlerer Hitze zerlassen. Den Knoblauch darin 30Sekunden unter Rühren anbraten. Restliche Brösel, Paprikapulver und Senfpulver mit etwas Salz und Pfeffer unterrühren. Unter Rühren 6–8 Minuten braten, bis die Brösel leicht gebräunt sind. Die Bröselmischung in eine Schale füllen und die restliche Petersilie untermischen.

☞ Die Pilze damit bestreuen, auf einer Servierplatte anrichten und sofort servieren.

BUNTE TEUFELSEIER

Für 24 Stück

170 g Rote Bete (ca. 1 große oder 2 kleine), geputzt, mit Schale
240 ml heller neutraler Essig
3 EL Zucker
2 Lorbeerblätter
1 EL gemahlene Kurkuma
12 Eier (siehe Hinweis)
120 g Mayonnaise
2 EL körniger Senf
1 EL grob gehackte Kerbelblätter, plus einige Blättchen zum Garnieren
Meersalz und frisch gemahlener schwarzer Pfeffer

Nicht ganz zufällig passt der Farbton der mit Roter Bete eingefärbten Eier perfekt zu den Roben, die Lady Danbury so oft trägt. Mit ihrer Garderobe unterstreicht sie jedes Mal, wenn sie einen Raum betritt, ihre Stellung und ihren Einfluss. Die leuchtend roten Eier sind ebenso wie die kurkumagefärbten gelben Eier nicht nur ein echter Hingucker, sondern mit jedem Bissen ein Hochgenuss. Zwar trägt Lady Danbury kein Gelb (das überlässt sie der armen Miss Penelope Featherington), aber eine Schwäche für alles Goldene kann man ihr nicht absprechen.

Hinweis: Ältere Eier lassen sich in der Regel leichter schälen, da die Membran unter der Schale nicht mehr so stark am Eiweiß haftet. Deshalb sollten Sie nach Möglichkeit Eier verwenden, die mindestens 1 Woche im Kühlschrank gelagert wurden (besser noch länger).

☛ Die Rote Bete in einen mittelgroßen Topf raspeln. 475 ml Wasser, 120 ml Essig, 1½ EL Zucker, 1 Lorbeerblatt und 1 TL Salz hinzufügen und umrühren. Den Sud bei mittlerer Hitze etwa 10 Minuten kochen. Die Hitze etwas reduzieren und den Sud weitere 10 Minuten unter gelegentlichem Rühren köcheln lassen, bis die Beteraspel weich sind, aber noch nicht auseinanderfallen, und der Sud eine satte rötlich-violette Farbe hat. Den Sud durch ein Haarsieb in eine Schüssel abgießen und die Rote-Bete-Raspel sorgfältig ausdrücken, um so viel Flüssigkeit wie möglich zu extrahieren. Den Sud abkühlen lassen.

☛ Kurkuma und 475 ml Wasser, 120 ml Essig, 1½ EL Zucker, 1 Lorbeerblatt und 1 TL Salz in einem zweiten Topf mischen und bei mittlerer Hitze etwa 10 Minuten kochen. Dann die Hitze reduzieren und weitere 10 Minuten köcheln lassen. Den Kurkumasud in eine zweite Schüssel füllen und ebenfalls abkühlen lassen.

Fortsetzung nächste Seite

☛ In der Zwischenzeit die Eier je nach Größe in einem großen Topf mit Wasser 10–12 Minuten hart kochen. Eine große Schüssel mit Eiswasser bereitstellen. Die Eier mit dem Schaumlöffel aus dem kochenden Wasser direkt ins Eisbad geben und 10 Minuten abkühlen lassen, dann schälen. Je 6 Eier in den roten und in den gelben Sud geben und abgedeckt mindestens 6–24 Stunden im Kühlschrank ziehen lassen. Je länger die Eier im Sud bleiben, desto kräftiger wird die Färbung.

☛ Die Eier mit einem Schaumlöffel aus dem Sud nehmen und mit Küchenpapier trocken tupfen. Darauf achten, dass sich rote und gelbe Eier nicht berühren, da die roten Eier abfärben. Die Eier längs halbieren. Das Eigelb mit einem Teelöffel vorsichtig herauslösen und in eine Schüssel geben. Mit einer Gabel sehr fein zerdrücken. Mit Mayonnaise, Senf und etwas Pfeffer glatt rühren. Noch verbliebene Eigelbstücke mit einem Teigschaber oder einem Löffelrücken zerdrücken. Die Masse sollte – abgesehen von den Senfkörnern – cremig und glatt sein. Den gehackten Kerbel unterrühren. Mit Salz abschmecken. Die Masse in einen Spritzbeutel mit Sterntülle füllen und in die Eierhälften spritzen.

☛ Die Eierhälften auf einer Servierplatte anrichten. Mit Kerbelblättchen garnieren und servieren.

BROMBEER-ZITRUS-CREMESCHNITTEN

Für 16 Stück

„Noch eine purpurfarbene Köstlichkeit von Lady Danbury?", werden Sie sich vielleicht wundern. *Überrascht Sie das wirklich?*, ist die Gegenfrage. Schließlich ist Lady Danbury bekannt dafür, dass sie weiß, was sie will – und sich nicht dafür rechtfertigen will. Dazu gehören auch diese fruchtigen Cremeschnitten mit einer eleganten Garnierung aus gezuckerten Brombeeren und Rosmarinspitzen.

Hinweis: Diese Schnitten können bis zu 5 Tage im Voraus gebacken und ohne Garnierung im Kühlschrank gelagert werden.

MÜRBETEIGBODEN
- 110 g kalte Butter, gewürfelt, plus etwa zum Einfetten
- 100 g Weizenmehl (Type 405), plus 1 EL
- 30 g Puderzucker
- 2 EL Speisestärke
- ½ TL Meersalz

BROMBEER-ZITRUS-CREME
- 225 g Brombeeren
- 60 ml frisch gepresster Mandarinensaft
- 100 g Zucker
- 60 ml frisch gepresster Zitronensaft
- 1 EL Speisestärke
- ¼ TL Meersalz
- 2 zimmerwarme Eier
- 2 zimmerwarme Eigelb
- 50 g kalte Butter, gewürfelt
- 3 EL kernlose Brombeerkonfitüre

GEZUCKERTE BROMBEEREN UND ROSMARINSPITZEN
- 60 g Zucker, plus 3 EL
- Meersalz
- 8 Rosmarinzweigspitzen (à 3 cm)
- 8 kleine Brombeeren

Außerdem: Backform (20 × 20 cm)

☞ **FÜR DEN MÜRBETEIGBODEN:** Eine quadratische Backform (20 × 20 cm) mit etwas Butter einfetten und so mit 2 überkreuzten Streifen Backpapier auskleiden, dass sie etwa 5 cm über den Rand ragen.

☞ Mehl, Puderzucker, Speisestärke und Salz in der Schüssel der Küchenmaschine mischen. Die Butter einarbeiten, bis eine krümelige Masse entstanden ist. Gleichmäßig auf dem Boden der Form andrücken. Im Kühlschrank ruhen lassen.

☞ In der Zwischenzeit den Backofen auf 175 °C (Ober-/Unterhitze) vorheizen.

☞ Den Teigboden etwa 25 Minuten im vorgeheizten Ofen backen, bis er goldbraun und durchgebacken ist, dabei die Backform nach 15 Minuten drehen.

☞ Den Teigboden aus dem Ofen nehmen und mit einer Gabel in regelmäßigen Abständen etwa 5 mm tief einstechen. Auf einem Kuchengitter in der Form erkalten lassen. Die Ofentemperatur auf 165 °C (Ober-/Unterhitze) reduzieren.

☞ **FÜR DIE BROMBEER-ZITRUS-CREME:** Brombeeren waschen, trocken tupfen und mit 2 EL Mandarinensaft in einem großen Topf mischen. Bei mittlerer Hitze etwa 5 Minuten köcheln lassen, bis die Brombeeren größtenteils zerfallen sind. Dabei umrühren und die Beeren am Topfrand zerdrücken.

Fortsetzung nächste Seite

Die Brombeeren durch ein Haarsieb in eine große Schüssel streichen, um die Kerne zu entfernen und möglichst viel Brombeermark zu erhalten. Die Kerne entsorgen. Das Sieb spülen und für den späteren Gebrauch auf eine mittelgroße Schüssel setzen. Den Topf ebenfalls reinigen und etwa 3 cm hoch mit Wasser füllen. Das Wasser aufkochen. Dann die Hitze reduzieren, sodass das Wasser leicht köchelt.

Zucker, restlichen Mandarinensaft, Zitronensaft, Speisestärke und Salz zum Brombeermark geben und mit einem Schneebesen einarbeiten. Eier und Eigelbe dazugeben und alles glatt rühren. Die Schüssel auf den Topf mit dem köchelnden Wasser setzen und die Masse etwa 15 Minuten rühren, bis sie cremig eingedickt ist. Die Schüssel vom Wasserbad nehmen und nach und nach die Butter (immer nur einige Würfel) hinzufügen und einarbeiten. Die Creme glatt rühren.

Die Creme durch das Haarsieb in die Schüssel streichen und noch einmal glatt rühren. Auf dem abgekühlten Mürbeteigboden verstreichen. Die Backform wieder in den Ofen schieben und 20–25 Minuten backen, bis die Creme leicht aufgegangen und an den Rändern fest, in der Mitte aber noch weich ist. Die Form nach 10 Minuten drehen.

Den Kuchen in der Form auf einem Kuchengitter 1 Stunde abkühlen lassen, dann mindestens 2 Stunden oder über Nacht in den Kühlschrank stellen.

FÜR DIE GEZUCKERTEN BROMBEEREN UND ROSMARINSPITZEN: 80 ml Wasser, 60 g Zucker und etwas Salz in einem kleinen Topf verrühren und bei mittlerer Hitze etwa 2 Minuten erhitzen, bis der Zucker vollständig aufgelöst ist. In eine kleine Schüssel füllen und abkühlen lassen. Ein kleines Backblech oder einen Teller mit Backpapier belegen.

Die Rosmarinspitzen waschen, trocken tupfen, in den Sirup geben und 5 Minuten ziehen lassen. Mit einer Küchenpinzette oder einem Stäbchen herausnehmen und kurz abtropfen lassen. Nebeneinander auf das Backblech oder den Teller legen. Den Vorgang mit den Brombeeren wiederholen. Rosmarin und Brombeeren 1 Stunde bei Zimmertemperatur trocknen lassen. Den restlichen Zucker in eine Schüssel geben. Die Rosmarinspitzen nacheinander vom Blech bzw. Teller nehmen, bei Bedarf noch einmal abtropfen lassen und kurz im Zucker wenden. Auf einen großen Teller legen. Den Vorgang mit den Brombeeren wiederholen.

Den Kuchen mithilfe des Backpapiers aus der Form heben und auf ein Schneidebrett setzen. Mit einem Messer in 16 Stücke schneiden. Die Cremeschnitten auf eine Servierplatte setzen und jeweils mit einer gezuckerten Brombeere und Rosmarinspitze garnieren. Sofort servieren.

Lady Whistledown's
SOCIETY PAPERS
Tuesday, April 6, 1813
ORDINARY PEOPLE, EXTRAORDIN

Glücksspiel

LADY TROWBRIDGE:
Der Graf würde mir den Kopf abreißen, wenn er wüsste, wie viel Geld ich verliere.

KITTY LANGHAM:
Der Graf ist keine zwei Jahre alt.

LADY TROWBRIDGE:
Hm. Was für eine überaus glückliche Fügung.

Die meisten Mitglieder der Londoner Gesellschaft haben mehr Geld, als sie ausgeben können. Deshalb haben sie sich Möglichkeiten geschaffen, es durch alle erdenklichen Wetten zu verprassen: Pferderennen, Kartenspiele, Box- und Hahnenkämpfe und so seltsame Disziplinen wie Weitsprung oder wer am schnellsten ein Glas Bier trinken kann. Allerdings muss man nicht unanständig reich sein, um ab und zu ein Sümmchen zu setzen. Legen Sie eine bescheidene Obergrenze für die Einsätze bei Ihren Spielen fest oder spielen Sie einfach nur mit 20-Cent-Münzen, damit keiner Ihrer Gäste am Ende des Abends vollständig ruiniert ist. Die folgenden Spiele bieten ideale Voraussetzungen für einen geselligen Abend.

Whist

Dieses beliebte Kartenspiel der Regency-Ära, ein Vorläufer des modernen Bridge, wird mit vier Personen, die zwei Parteien bilden, und einem Blatt aus 52 Karten gespielt. Der Kartengeber verteilt linksherum einzeln die Karten (13 pro Spieler). Die letzte Karte, die er sich selbst gibt, bestimmt, welche Farbe Trumpf ist, und wird aufgedeckt auf den Tisch gelegt (bei diesem Beispiel ist es die Herz-Dame). In dieser Runde ist also Herz Trumpf. Der Geber nimmt die Trumpfkarte in seine Hand auf. Beginnend mit dem Spieler zur Linken des Gebers legen alle eine Karte ab. Man muss immer eine Farbe bedienen. Hat man keine Karte der ausgespielten Farbe auf der Hand, darf man den Stich trumpfen oder eine Karte abwerfen. Den Stich gewinnt der Spieler, der die höchste Karte legt. Die beiden Parteien sammeln ihre Stiche auf einem Stapel. In unserem imaginären Spiel legt der erste Spieler Karo-König, der zweite die Karo-Drei, der dritte die Karo-Sechs. Der vierte Spieler hat kein Karo, also spielt er die Herz-Zwei. Da Herz Trumpf ist, macht der vierte Spieler den Stich. Der Gewinner des Stichs legt Spieler vier nun eine beliebige Karte auf den Tisch. Wenn alle Karten ausgespielt sind, werden die von den Zweierteams gesammelten Stiche gezählt. Für jeden Stich, der zusätzlich zu sechs Stichen gewonnenen wird, wird ein Punkt notiert (zu einem Sieg werden sieben Stiche benötigt). Wenn also Partei A acht Stiche hat, erhält sie zwei Punkte, Partei B mit fünf Stichen keinen.) Die Partei, die zuerst zehn Punkte erreicht, gewinnt.

Vingt-et-un

Wer Blackjack mag, wird an Vingt-et-un ebenso Spaß haben. Es ist auch für eine größere Gruppe gut geeignet ist, da die Spieleranzahl nicht beschränkt ist. Der Geber gibt jedem Spieler verdeckt eine Karte. Alle Spieler außer dem Geber schauen sich ihre Karte an und setzen dann (eine oder mehrere Spielmarken). Nun schaut der Geber seine eigene Karte an und entscheidet, ob alle den Einsatz verdoppeln (oder nicht). Der Geber teilt jedem Spieler eine weitere Karte verdeckt aus. Wenn nun jemand eine Zehn und ein Ass auf der Hand hat (insgesamt also 21 Augen), erklärt er ein „Natural". Jeder Spieler, einschließlich Geber, muss das Doppelte seines Einsatzes zahlen, es sei denn, ein zweiter Spieler hat ebenfalls ein „Natural" (dann wird geteilt).

Das Spiel wird fortgesetzt, indem der Geber jeden Spieler fragt, ob er seine Karte behalten oder eine andere möchte. Ein Spieler kann so lange weitere Karten verlangen, bis die Summe der Augen 21 („Bust") beträgt. Bei einem „Bust" muss der Spieler den Einsatz an den Geber zahlen. Der Geber kann auch Karten ziehen. Erreicht der Geber ein „Vingt-et-un", erhält er den doppelten Einsatz von jedem, der weniger als 21 Augen auf der Hand hat. Wenn ein Spieler 21 erreicht, der Geber aber nicht, zahlt der Geber den doppelten Einsatz. Wenn niemand auf 21 kommt, zahlt der Geber den einfachen Einsatz an Spieler, die eine höhere Augenzahl als er haben, und erhält den einfachen Einsatz von allen, die eine niedrigere Augenzahl haben. Erreichen Spieler und Geber dieselbe Augenzahl, entfällt die Auszahlung der Einsätze. Wenn der Geber über 21 kommt, zahlt er allen, die ihre Karten nicht aufgedeckt haben, den Einsatz aus.

Luminaries

Heute kennt man dieses Spiel unter dem Namen „Scharade". Aber für eine *Bridgerton*-würdige Abwandlung können Sie Ihre Gäste auffordern, Personen aus der Serie (Mitglieder der feinen Gesellschaft, Handwerker, Opernsängerrinnen, Bedienstete) oder reale Persönlichkeiten jener Zeit (beispielsweise Herzog von Wellington, Lord Byron) zu erraten.

Teilen Sie Ihre Gäste in zwei gleich große Gruppen ein, die jeweils fünf Namen auf getrennte Karten notieren und gefaltet in eine Schale legen. Ein Mitglied von Team A zieht die erste Karte und hat nun 60 Sekunden Zeit (Timer setzen!), seinem Team die Person zu beschreiben, natürlich ohne einen Teil des Namens zu nennen. Wird die Person innerhalb der gesetzten Zeit erraten, erhält das Team einen Punkt und das Teammitglied zieht eine weitere Karte und beschreibt die Person. Nun ist Team B an der Reihe und errät innerhalb von 60 Sekunden so viele Personen wie möglich. Am Ende jeder Runde werden die Punkte gezählt. Das Team, das nach fünf Runden die meisten Punkte hat, gewinnt.

FEIGEN

mit Honig-Ziegenkäse-Füllung

Für 16–20 Stück

- 500 g vollreife kleine Feigen (16–20 Stück, je nach Größe)
- 1 EL Honig, plus etwas zum Beträufeln
- 100 g zimmerwarmer Ziegenfrischkäse (Chèvre)
- Meersalz und frisch gemahlener schwarzer Pfeffer
- 6 große Minzblätter
- 2 EL Haselnusskerne, grob gehackt und geröstet

Es gibt einen Grund, weshalb Feigen bei den Römern als ein Geschenk Bacchus', dem Gott des Weins und der fleischlichen Freuden, galten. Ein einziger Bissen dieser wunderbaren Häppchen mit der herrlich aromatischen, cremigen Füllung reicht aus, um junge Damen erröten zu lassen. In Lady Danburys Lasterhöhle gibt es allerdings keine unschuldigen Debütantinnen, sondern nur ausgelassene Ladys, die einen verführerischen Leckerbissen zu schätzen wissen.

☛ Die Feigen waschen und trocken tupfen. Einen etwa 5 mm großen Deckel von den Feigen abschneiden. Mit einem Löffelstiel etwas Fruchtfleisch (jeweils etwa ½ TL) herauslösen und in eine Schüssel geben. Den Honig unterrühren, bis die Masse eine konfitüreartige Konsistenz hat. Den Ziegenkäse dazugeben und vermischen. Alles mit Salz und Pfeffer würzen.

☛ Minzblätter waschen und trocken tupfen. 4 Minzblätter grob hacken und unter die Ziegenkäsemasse ziehen. Die Masse in einen kleinen Spritzbeutel mit Lochtülle (6mm Durchmesser) füllen und die Feigen bis etwas über den Rand damit füllen. Die Feigen auf eine Servierplatte setzen. Mit etwas Honig beträufeln und mit den gehackten Haselnüssen bestreuen. Die restlichen Minzblätter grob hacken. Die gefüllten Feigen damit garnieren. Zum Schluss etwas Pfeffer darüberstreuen. Sofort servieren.

ESPRESSO-COCKTAIL

Für 1 Portion

- 44 ml Wodka
- 30 ml Kaffeelikör (z. B. Kahlúa)
- 30 ml Espresso, frisch gebrüht und abgekühlt
- 1–2 EL brauner Sirup (nach Belieben; siehe rechts)
- Eiswürfel
- 3 schokolierte Kaffeebohnen zum Garnieren

Kaffee am Abend? Für den einen oder die andere an einem gewöhnlichen Abend keine gute Idee. Aber wenn Sie in vergnügter Gesellschaft sind und den Heimweg noch lange nicht antreten wollen, weil sie vielleicht gerade eine Glückssträhne beim Spielen haben und sich blendend amüsieren, sind manchmal gewisse Maßnahmen erforderlich. Dieser Espresso-Cocktail ist genau das Richtige, um Sie wachzuhalten.

Hinweis: Der herb-süße braune Sirup lässt sich hervorragend in eine Tasse heißen oder eisgekühlten Kaffee einrühren. Black Treacle, ein Nebenprodukt bei der Rohrzuckerraffinierung, ist ein sehr dickflüssiger, fast schwarzer Sirup mit leicht herber Note. Sie können ihn durch eine 1:1-Mischung aus Melasse und Honig ersetzen.

☞ Wodka, Kaffeelikör, Espresso und Sirup in einen mit Eiswürfeln gefüllten Cocktail-Shaker füllen und 30–60 Sekunden kräftig schütteln, bis die Mischung schaumig ist. In ein Martiniglas abseihen, mit den schokolierten Kaffeebohnen garnieren und sofort servieren.

BRAUNER SIRUP

Für ca. 330 g

- 100 g brauner Zucker
- 100 g Black Treacle (siehe Hinweis)

☞ Zucker und Sirup mit 175 ml Wasser in einem Topf verrühren und bei schwacher bis mittlerer Hitze etwa 5 Minuten unter gelegentlichem Rühren köcheln lassen. Vom Herd nehmen und auf Zimmertemperatur abkühlen lassen.

☞ Den Sirup in eine kleine Flasche mit Schraubverschluss füllen. Er hält sich im Kühlschrank bis zu 14 Tage.

LADY D'S AMARO SOUR

„Dann muss ich wohl jemand anderen bitten, mir ein Glas Ratafia zu holen." —Lady Danbury

Für 1 Portion

44 ml Amaro
22 ml Bourbon
30 ml frisch gepresster Zitronensaft
7 ml Läuterzucker (Seite 62)
1 Eiweiß
Eiswürfel
Zitronenzeste und Cocktailkirsche zum Garnieren

Ratafia ist ein katalanischer Likör, für den ein Branntwein mit grünen Nüssen (meist Walnüssen), Kräutern und Gewürzen aufgesetzt wird. Für die moderne Leserschaft ist es gar nicht so einfach wie für Lady D, Ratafia zu finden. Als Ersatz bietet sich ein hochwertiger Amaro an, der in den meisten gut sortierten Supermärkten erhältlich ist. Geschmacklich reichen diese italienischen Bitterliköre von angenehm belebend bis hin zu adstringierend bitter. Wenn Sie sich nicht so gut auskennen, gehen Sie auf Nummer sicher und greifen Sie zu eher harmlosen Varianten wie Averna oder Ramazotti.

☛ Amaro, Bourbon, Zitronensaft, Läuterzucker und Eiweiß in einem Cocktail-Shaker ohne Eis verrühren und 10 Sekunden schütteln, um das Eiweiß einzuarbeiten. Dann die Eiswürfel in den Shaker geben und schütteln, bis die Mischung kalt ist. In ein mit Eiswürfeln gefülltes Old-Fashioned-Glas abseihen. Zitronenzeste und Cocktailkirsche auf einen Cocktailspieß stecken, das Glas damit garnieren und sofort servieren.

Bezugsquellen

Britische Lebensmittel

Senf, Bückling, Würstchen und mehr:

British Essentials
britishessentials.com

British Shopping
Norderstraße 143
20097 Hamburg
british-shopping.eu

Tee

Rare Tea Co
rareteacompany.com

The English Tea Shop
the-english-tea-shop.de

The Victorian House
Am Viktualienmarkt
Frauenstr. 14
80469 München
victorianhouse-shop.de

Offizielle Bridgerton-*Tees:*

The Republic of Tea
republicoftea.com

Gewürze

Gewürze der Welt
Ladengeschäfte in München, Nürnberg, Hechendorf und Salzburg
www.gewuerze-der-welt.net

Kurkuma, Nelken und Kardamom aus lokaler Herstellung:

Diaspora Co.
diasporaco.com

Indische Lebensmittel

Trockenblumen, Gewürze, Tees und mehr:

Jamoona
jamoona.com

Royal India Express Food
Billstr. 104
20539 Hamburg
india-express-food.de

Servier- und Küchengeschirr

Vintage-Butterformen, Geleeformen aus Kupfer und Etageren:

Etsy
etsy.com

Kustermann
Viktualienmarkt 8
80331 München
kustermann.de

Danksagung

Mein erster und grösster Dank geht an Susan Vu, die nicht nur ein kulinarisches Genie, sondern auch ein liebenswerter, urkomischer Mensch ist. Wir sind so glücklich, dass du dieses Buch mit deinen Kochkünsten bereichert hast. Danke für deine perfekten Rezepte und dass du immer weißt, wann ich ein *Bridgerton*-inspiriertes Motivations-GIF brauche.

Danke auch an Sarah Malarkey, Lydia Estrada, Ian Dingman, Mark McCauslin, Patricia Shaw, Jessica Heim und das gesamte Team von *Random House Worlds* für die tolle Zusammenarbeit.

Vielen Dank an Sandie Bailey, Shuhui Wen, Leslie Bray, Catherine Yan Lustro, Jennifer Joel und das Team von *Shondaland*, die die Welt von *Bridgerton* erschaffen und uns eingeladen haben, Teil dieser Welt zu werden. Vielen Dank an Brad Thomas Parsons, meinen Cocktail-Consigliere und Autor des Buches *Amaro*, für all die Informationen und die Inspiration für den „Amaro Sour“ auf Seite 152. Vielen Dank an Rica Allanic von der *David Black Agency*, die beste Literaturagentin.

Und wie immer geht mein großer Dank an meine Mutter, MaryGael Timberlake. Als sie hörte, dass ich an diesem Projekt arbeite, wurde sie sofort aktiv und verschlang die gesammelten Romane von Julia Quinn in weniger als einer Woche. Danke, dass du den Weltrekord für den Konsum von E-Books und Hörbüchern gebrochen hast, sodass ich mit dir über Eiscremes und Regency-Teestunden sprechen konnte. Ich liebe dich, Mama.

—Emily Timberlake

Mein grosser Dank geht an die liebenswerte, brillante Emily Timberlake. Es ist eine Freude, mit dir zusammenzuarbeiten. Ich bin dir für immer dankbar, dass ich dir zu jeder Tages- und Nachtzeit Textnachrichten mit Rezeptideen schreiben durfte. Ich weiß nicht, mit wem ich dieses Kochbuch sonst hätte schreiben können. Es sind wunderbare Menschen wie du, die mich daran erinnern, warum ich meinen Beruf so liebe.

Ich danke auch Sarah Malarkey, die meine Kreativität bei unseren gemeinsamen Projekten herauskitzelt. Lydia Estrada, vielen Dank für alles, was du tust, um uns auf Kurs zu halten. Ich danke Shonda Rhimes dafür, dass sie ein TV-Format erschaffen hat, das eine asiatisch-amerikanische Frau wie ich ansehen und sich darin wiederfinden kann (Christina Yang *forever*). Vielen Dank an das großartige *Shondaland*-Team, die ultimative Autorität in Sachen *Bridgerton*. Ich hätte diese Rezepte nicht ohne eure Anregungen und euer kluges Feedback entwickeln können.

Zu guter Letzt danke ich Vanessa Cunto, Ali Clarke, Santos Loo und Madhuri Sharma für ihre Unterstützung, als ich mich durch die Regency-Ära gekocht habe.

—Susan Vu

Register

Hinweis: *Kursiv* gedruckte Seitenangaben beziehen sich auf Abbildungen.

E

F

G

H

EMILY TIMBERLAKE ist Autorin mehrerer Kochbücher und schreibt über kulinarische sowie popkulturelle Themen u. a. für *Los Angeles Times*, *San Francisco Chronicle*, *Taste* und *Punch*. Sie lebt in Oakland, Kalifornien.

SUSAN VU arbeitet als Rezeptentwicklerin, Foodstylistin und Culinary Producer. Wenn sie nicht gerade auf Reisen ist, lebt sie in Los Angeles und New York.

Die englische Originalausgabe erschien 2023 unter dem Titel *The Official Bridgerton Guide to Entertaining* bei RANDOM HOUSE WORLDS, an imprint of RANDOM HOUSE, a division of PENGUIN RANDOM HOUSE LLC, New York.

Set-Fotografie: NETFLIX/LIAM DANIEL

Handlettering S. 31: SCHIN LOONG

Illustrationen S. 14, 40, 68, 98 und 132: VEXELS

Projektleitung: JULIE KIEFER
Artdirektion und Design: IAN DINGMAN
Fotografien: LIZZIE MUNRO
Fotoassistenz: PARIS BENSON, TRISHA PICKELHAUPT
Foodstyling: BRETT REGOT, PAUL WANG
Propstyling: ANDREA GRECO, TODD HENRY, ASHLEIGH SARBONE
Rezeptentwicklung: SUSAN VU
Übersetzung aus dem Englischen: LISA HEILIG, Köln
Lektorat und Satz: BOOKLAB GmbH, München
Herstellung: MARTINA EFFAGA
Druck und Bindung: PBtisk a.s., Tschechien

MIX
Papier | Fördert gute Waldnutzung
FSC® C004378

Penguin Random House Verlagsgruppe FSC® N001967

Gedruckt in Tschechien

ISBN 978-3-7913-9314-8

www.prestel.de